ON
OFF

人生が100倍楽しくなる！

最強の行動スイッチ

生き方と
働き方が変わる
「第3の活動」

潮凪洋介
Yosuke Shionagi

現代書林

「第3の活動」を始めよう！

introduction

はじめに

家と会社以外の時間で、「第3の活動」を始めよう！

「仕事の成果が出ない……」
「職場の人間関係が憂鬱《ゆううつ》で、休日も気分が晴れない……」
「出世競争から外れ、後輩に追い抜かれて悔しい……」

このような悩みを抱えるミドルエイジは、じつに多い。得体が知れない不安が、心にこびりついて離れない。

酒を飲めば溺《おぼ》れるように悪酔いし、愚痴れる人を選んでは安堵《あんど》し、絶好調で楽しそうな同世代を疎ましく思う。心にたちこめる暗鬱たる孤独と疎外感――。

あなたはどうだろう。

アフター8、土日、盆暮れ、正月などのプライベートタイムにもかかわらず、そんな風が心に吹き始めたら注意が必要だ。果ては、抜け殻人間、無気力、鬱、孤独による偏屈化……。

3年後、5年後、10年後の自分を想像してみてほしい。本書を手に取っていただいたあなたには、絶対にこのようにはなってほしくない。

みなさんには、今すぐスイッチを切り替えてほしい。

会社は人生の一部、人生を輝かせるステージである。しかし、そこにどれだけの時間と知力、体力を注ごうとも、**どこまでいっても「会社はあなたの人生の1ステージ」**にしかすぎない。あなた自身でもないし、たとえ社長でも、会社は私物ではない。

世の中には、自分を「会社の一部である」と思い込む「洗脳状態」の人が大勢いる。危険な状態だ。

こうなると、プライベートでも仕事からくる不安、怒り、嫉妬、恐怖の感情が心にこびりついて離れなくなる。この状態が、憂鬱な40代以降の群れをつくり出す。

「もっと会社の仕事をがんばらねば！」

もし、あなたがそう思っているとしたら、私は猛反対したい。

あなたは、もうすでに十分にがんばっている。**今のあなたに必要なのは、がんばりではなく「新しい視点」なのだ。**

あなたに必要なのは、人生を楽しむこと。好きなことで会社以外で活動すること。自力で稼ぐための知恵を得ること。人生を楽しんでいるお手本と出会うことだ。

これらはすべて、会社でいくらがんばっても得られないものばかりだ。

仕事から目をそらし、あえて**社外に、もっと人生が楽しくなるステージをつくるべき**なのである。

社外の「サードプレイス」、つまり社外の「居場所」をつくるだけで、ストレスの多くは浄化される。

「サードプレイス」とは、アメリカの都市社会学者、レイ・オルデンバーグが、著書『The Great Good Place』で論じたものである。家や会社以外の第3の居場所を指す。つまり、人生を謳歌《おうか》できる場所。仕事と家庭以外で自分がやりたいことを楽しむ場所のことだ。

サードプレイスがあると、会社から出た瞬間、あなたが会社で抱いている憂鬱は「別世界で起きているただの〝他人事〟」となる。

自分が輝く別世界の中で、人生の1秒1秒を刻もう。

サードプレイスに本物の人生が存在することが、あなたの心を明るくする。

サードプレイスがあると、もうひとついいことがある。本業とは別の**「好き」を仕事にするセンスが身につく**ということだ。定年後の仕事にもつながるだろう。

じつはかつての私も、仕事人間《ワーカホリック》だった。本を書き、文章の書き方を教え、膨大な仕事で365日が埋めつくされていた。

もともと大好きな仕事だったし、成果は出ているのに、「ここがいけないのでは?」「あれがいけないのでは?」と勝手に自責の念に駆られ、仕事が楽しくなくなっていった。

稼いでいるのに満足できない。悪しき感情がわき上がり、自ら自分を壊していった。これはまさしく、仕事以外の世界を持たなかったことが原因である。

それ以来私は、毎週、仕事とは関係のない人たちと会う機会を増やした。人と会うための軍資金も捻出《ねんしゅつ》した。さらには、自分で交流イベントを毎週開催し続けた。すると驚いたことに、それまで抱いていた「孤独感」「イライラ」「あるべき論」「自分を責める気持ち」が嘘のように消えていったのである。期待した効果の10倍はあったと思う。自分のカラダを使った大いなる人体実験だった。

誰とでも笑顔で楽しく過ごせるおおらかな自分、職業を忘れて、ひとりの人間として生きることを楽しむ自分、安定した心の自分、そのすべてになれたことを誇らしく感じている。

その結果、たくさんの出版企画がひらめくようになり、今もこうして本を書き続けられている。もちろん、執筆以外のビジネスにも効果的であった。

サードプレイスを持つことによる好循環は、まさに自画自賛したくなる成果のひとつである。

「自分を憂鬱にする思考習慣」、この悪癖を「仕事以外の人と触れ合う時間」が断ち切ってくれた。

それだけではない。**「仕事の実益になる機会」が流れ込んできた**のである。

もしあのまま、仕事で日々を埋めつくしていたら、メンタルクリニックのお世話になっていたかもしれない。そうでなくとも、孤独で偏屈でやっかいなアラフィフになっていたに違いない。

想像しただけでゾッとする。

今は、エネルギーの流れがよく、ストレスを感じない日々を過ごしている。これらはすべて「サードプレイス」のおかげである。

家と会社の往復のあいだに、〝第3の場所〟を持つ行動が、人生と働き方を変える最強のスイッチとなるのだ。

もしあなたが、「自分らしさ」を失っているように感じているのだとしたら、今からでも遅くはない。「自分らしさ」を取り戻して輝いてほしい。

家と会社の往復のあいだに、好きな場所へ行ったり、好きな人たちと会ったり、好きなことをする時間をつくってほしい。

家と会社の往復だけではなく「第3の活動」をしてみてほしい。
この「第3の活動」が、人生を驚くほど変える最強のスイッチとなる。
本書が、皆さんの人生にお役に立てば幸いである。

潮凪洋介《しおなぎようすけ》

＊注

本書で紹介させていただいたエピソードや事例については、個々の皆さんのプライバシーを考慮して、お名前は仮名とさせていただきました。また、ご職業や状況なども若干変えさせていただきました。ご了承ください。

table of contents　目次

Action 2

きちんと遊んで、「面白みのある人」になれ！

――「快楽の時間」をつくる。

Action 3
ロマンを語り、「人生のヒーロー」になれ！
——「第3の活動」で「伝説《レジェンド》」をつくる。

Action 4

魅力的な人と出会って、「人生の質」を変えよう!

——「自分好みの人脈」を増殖させる。

Action 5
感動に投資して、人生を「ドラマチック」に塗り変えよう！
──「生涯残る体験」のためにお金を使う。

Action 6

パラダイスは、あなたのすぐそばにある！
――「機嫌よく生きる」ための視点を持つ。

Action 1

「第3の活動」で、「本当の自分」を取り戻せ!

――「自分らしさ」を信じる。

1 会社を出た瞬間、「もうひとりの自分」になる

「自分らしさを失いたくない」

新入社員の頃は、誰もがそうやって抗《あらが》ったものだった。やがて数年が経ち、「これが働きがいというものか……、悪くはないな」と納得し始め、役職につく頃には、社外でも「会社の世界観」で自分を表現し始める。

自分と会社を一体化させてコミュニケーションができるのは、プロ意識と言えばプロ意識、会社員として一人前の証拠なのかもしれない。

しかし、じつはこれが人生を後悔する初期要因となる。「会社＝自分」のまま10年

が経ち、20年が経ち、30年を迎え、気がつけば仕事のことしか話せない「会社人間」ができあがる。

やがて出世競争も結末が見え始めた頃、仕事を取り去った後に何も残らないことに気づき、愕然《がくぜん》とするのである。「自分を語るものが何もない」「出世できなかった俺の人生はムダだったのか？」などと真剣に悩み始める――。これが日本の会社員の大半を占めるタイムラインである。

あなたはどうだろう？　もし心当たりがあるなら、今すぐ次の処置が望まれる。

プライベートで、愛する会社の存在を一度、心の中で引きはがしてみる。

ついでに、思いきり蹴っ飛ばしてみる。

週末は、いっさい会社のことを思わない。

会社を辞めたと思って、過ごしてみる。

この思考転換だけで、会社人間という状態から抜け出せる。自分の人生を取り戻し、後悔せずに生きるモードに変化させることができるのだ。

とにかく、会社を出たら会社人間のキャラクターを脱ぎ捨てて、別人で過ごしてみる。

日頃温厚な人が激しい人になったり、逆に普段は鬼管理職の人が癒し系の人になったりするが、その二重人格をフルスイングで楽しめばいい。

私の友人にこんな人たちがいる。

普段はまじめな編集者なのだが、プライベートではパンクバンドのボーカリストに変身して、「おまえらついてこいよ!」と叫ぶ40代女性。

本職は公務員なのに、夜はクラブＤＪになり「盛り上がっていくぜ～!」と叫ぶ40代男性。

彼らはみなイキイキとして、肌艶《はだつや》もよく、とにかく笑顔がまぶしい。

特技が生かせたり、性格に合った天職につける人は少ない。ほぼ8割くらいの人たちが、天職とは言えない仕事に自分を押し込めて生きている。

自分を殺しながら、他人の人生を生きる。誰も大きな声では言わないが、これは真実だ。このストレスは、はかり知れない。

だからこそ、プライベートでは、本気で会社での人格を引きはがし、蹴っ飛ばし、ときには踏みつけて、本来の自分を取り戻し、変身して生きてみるべきだ。

会社を出たら、思い切ってもうひとりの自分になろう。確信犯で、二重人格になろう。

この奇妙な習慣づくりこそ、会社人間を脱皮し、後悔のない自分らしい人生を取り戻すための第一歩となる。

毎週末、会社の人格を引きはがして別人を演じる

2 心の衝動にブレーキをかけない

たまたま見たテレビ番組の温泉特集で、絶景の秘湯が紹介されていた。「ああ、いいなあ、行ってみたいなあ〜」。そう思った直後、あなたならどうするか？

「週末に遠出したら、翌日の仕事に差し支えるしなあ」

「いいけど、電車賃が往復で7000円くらいかかるし、入浴料と食事代を合わせて1万2000円、夫婦で行けば2万4000円、子どもたちも連れて行けば3万9000円かあ」

こんなふうに、衝動にブレーキをかけていないだろうか？　「俺のことだ」、そう思った人はその心のブレーキ癖を蹴っ飛ばしたい。

「衝動的興奮にブレーキをかける癖」、それが人の行動を狭め、人生の幅も狭める。

このタイプの人は、自分の感情や興味に従って行動する体験が驚くほど少ない。衝動を行動に移しても支障のない「抜け道」が見つかるのに、それを放棄するのはもったいない。

始発電車で現地に向かい、午前中に入浴する。少々昼寝をしてから帰途につき、夕方4時戻りを目指せば、翌日に疲れを残す可能性は少ない。

3万9000円の出費も、読まなくなった本を古本屋に売ったり、使わなくなった家具をオークションに出すなどすれば、埋め合わせができるだろう。家の中も広くなって、一挙両得だ。

ぜひとも今すぐに**「初期衝動をなかったことにしてしまう癖」と決別してほしい。**

自分らしさを取り戻して、会社や世間の常識に縛られた自分を解放したいのなら、小さな初期衝動を大切にすることだ。そうするだけで、あなたの毎日は、いや人生は、ガラリと変わる。

初期衝動を大事に拾い上げ、スマートフォンや手帳に丁寧にメモする。心の中にわき上がる「初期衝動を消そうとする考えや感情」「具体的な問題や障壁」も一緒に書き込む。

次にやるべきことはひとつ。**初期衝動をリスクなく行動に移す方法を考えること。**

「体を動かしに会社帰りにジムに行きたいけれど、仕事が終わるときは疲れ果ててるしなあ……」と思ったのなら、「朝も通える24時間営業のジム」を探せばいい。

「もっと人脈を増やしたいけれど、交流会には参加費がかかるしなあ」と思ったら、自分で交流会を主催して、自分の分の参加費用は賄えるような仕組みをつくればいい。

会社や世間の常識に縛られている人は、社外の活動への初期衝動を「衝動的」に消す癖がある。その癖をなくすことから、自分らしさを取り戻す一歩は始まる。

「初期衝動ストッパー」を「アイデア」で切り崩せ

3 仕事の毒は、「第3の活動」で煮沸殺菌する

「取引先から納得いかないクレームを受けた」
「何度注意しても、部下が意識を変えない」
「同僚や部下と意見が合わない」
「社内に人の悪口が蔓延《まんえん》している」
「やりがいがない」
「同僚や後輩の出世に嫉妬《しっと》してしまう」
「上司からのパワハラが止まらない」

そんなことが積み重なると、心にたくさんの毒が溜《た》まり始める。妬《ねた》み、憤《いきどお》りなど、有毒な感情で心がいっぱいになる。

社外に自分の世界がない人は、その毒を休日もずっと抱き続け、心身から切り離すことができずに苦しみ続ける。

あなたはどうだろう？　モヤモヤとこびりついた毒々しい感情を抱えたまま、休日を過ごしてはいないだろうか？

会社の外に自分の世界がある人は、その毒を自動的に中和できる。会社以外の活動に集中、没頭して、「そこから心地よい別のストレス」を感じることで「会社毒」を煮沸殺菌し、おおかた分解してしまう。

社外のコミュニティーには、前向きな人間関係がある。より楽しく付き合うための前向きなエネルギーが流れている。

誰かとうまくやろうとするとき、人は必ず集中状態になる。スポーツにしてもレジャーにしても何にしても、集中しないことには心底楽しめない。

社外コミュニティーが興奮度が高く、快楽の場所であり、真剣さが必要であればあ

るほど「毒消し」には効果的だ。集中状態が、会社でこびりついた毒を自然に引きはがしてくれる。

しかし**刺激が少なく、楽しくもない活動は逆効果だ。劣悪なストレスや人間関係の毒を感じるサードプレイスも避けるべきだ。**そうしないと、毒が抜けないどころか、ストレスがさらに蓄積される。

ある30代後半の公務員の男性は、社外であえて「集中力を要するコミュニティー」に属している。英語で弁論を発表するサークル、実戦空手、そしてもうひとつが合コンだ。

どれも気を抜くとメンバーに迷惑をかけたり、ケガをしたり、ショックを受けてしまう。

男性は、職場の人間関係がとても劣悪であった。感情のコントロールができない上司に顔を突き合わせる毎日だった。

しかし彼は、溜めたストレスの毒を、休日やアフター9で完全に出し切ることができている。

オフタイムのコミュニティーが、彼の人生が「台無し」になることを防いでくれている。オフになるたびに、彼の人生には楽しいストーリーが刻まれる。

ON
OFF

集中力を必要とする〝遊び〟で、会社毒を中和する

4 自分の「勘」と「モノサシ」を100％信じる

会社の価値観や世界観に染まれば染まるほど、自分がどんどん魅力的になっていく——。そう実感できる人は、会社で自分を磨き上げればいい。その恵まれた環境をおおいに活用しなければバチが当たる。

危険なのは、受け入れがたい「会社の価値観」や「人としての在り方」に、意に反して染まらざるを得ないときである。

例えば客をだます、客の陰口を言う、外注先を見下す、不快な発言や価値観の押し付け、などなど——。

会社以外に自分の世界のない人は、まるで催眠術にでもかかったかのように、このような会社の感覚に押し切られ、染まり切ってしまう。何が正しく、何が間違っているのかの判断がつかない状態へと洗脳されてしまう。

会社の外に自分の世界を持つことで、この洗脳を防ぐことができる。自分らしさを失わずに生きている人は、会社の価値観に毒されることがない。毒されるフリはしていても、毒を飲み干すことはない。冷静に判断し、不要な感覚は自分の中に取り入れない。どうしても納得いかない場合は、転職や退職の機会をうかがう。

私の話になるが、20代の頃に勤務していた会社が誇大広告を打ち、悪質性の感じられるサービスを一部行っていたことがあった。私は社員でありながら、顧客に対して「これはおすすめしません」と1年にわたり言い続けた。

私の言動はクーデター扱いとなり、社内で攻撃の的となった。「あれはよくない！」と言っていた人も、いざとなると体制派となって私を攻撃してきた。あるとき、社長から注意を受けた。

「キミは社長が言っているのに聞けないのか!」

「いいえ、正しいのは私です。職位が高い、低いは無関係です。ダメなものはダメですよ」

そう言って会社を去った経験がある。社内では不届き者、反逆者という扱いであったが、暴言を吐かれている間も、会社以外の仲間たちの「負けるな!」という顔が浮かんだ。

「給料が途絶えても仲間が待つ世界がある。だから怖くない。彼らに顔見せできないことはしない!」

そう思うことで、全員と戦えた。「第3の活動」が心の援軍となり、自分を見失わない羅針盤となったのだ。

ON

OFF

社外の仲間が、正義を貫く勇気をくれる

5 「第3の活動」でのコミュニティーが、傷ついた心の痛みを癒す

誰だって傷つくことがある。仕事で失敗して怒られて傷ついたり、他人の何気ないひと言で落ち込んだり、夫婦げんかをしたり、失恋をしたり。愛する伴侶と離別して心を傷めることもある。あるいは死別、裏切り――、大きなショックで悶絶《もんぜつ》し、思考が停止してしまうこともある。

家と会社以外に自分の世界がない人、孤独を感じることが多い人は特に用心したい。自分と向き合いすぎることによって、心の痛みをより強く、より長く感じ続けてしま

う可能性があるからだ。これは、とてつもなくキツい。

「第3の活動」の場がある人の心の痛みは長くは続かない。痛みを麻痺《まひ》させ、心を前向きに切り替えられるからだ。

痛みを抱えたまま社外の仲間に会い、違和感を感じながらも、強制的に〝陽《よう》〟の空気に包まれる。やがて陽気な空気になじんでゆく。

陽気なふりをしているうちに、心にかさぶたができ、普段どおりに楽しめる自分を取り戻せるのである。

ある日突然、取引先から仕事の発注を白紙に戻された営業職の佐藤さん（40代・男性・仮名）は、上司からきつく注意されたことで、食事も喉《のど》を通らなくなってしまった。おまけに、左遷の可能性まで浮上してしまった。

佐藤さんは、酒に逃げることをやめ、重い体を引きずって、友人のサイクリングチームの活動に参加した。海辺のサイクリングロードを風を切って走ると、心の痛みはみるみる緩和され、ミスのことはどうでもよくなってしまった。

サイクリング後の打ち上げで悩みを打ち明けると、「俺だってそういう経験あるぞ。

それで転職したんだから（笑）。大丈夫、大丈夫！」と励まされたのである。そして、「この仲間とは一生だ！　仕事のほうは、なるようになればいい！」と気持ちを切り替えることができたという。

仕事の失敗で後悔のリピートが断ち切れず、自分で自分を傷つける状態を克服した好例である。佐藤さんはその後、冷静に対策を思案し、左遷を免れることができた。

「生きる世界は、会社だけではない！」と体感することが重要だ。

心の痛みを感じる環境から自分を引きずり出し、心に栄養と痛み止めを処方する。冷静な判断をする。そんな習慣が私たちには必要なのである。

ON
OFF

〝居直り・切り離し・客観視〟で、平常心を取り戻せ

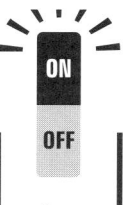

6 遊びで培った感性は、仕事で堂々と使う

心が自由な人は、**「遊び」のエッセンスを、仕事に生かす技にも長《た》けている。**

遊びと仕事を絶妙な比率で公私混同できるのだ。仕事時間を、地球一面白い時間へと変化させられる。

オフタイムに、さまざまな感性の人たちに会ったり、コミュニティーに参加し続けると、連続的に新しい発想や視点がわき上がる。心を解放した時間を過ごすことで、自分にとって何が適職なのかに気づくこともできる。

また、別の業界でうまくいっている人の話をヒントに、〝生きた成功哲学〟を学ぶ

こともできる。

遊びの中で得られた気づきを、〝やらされ感〟なしのビジネスへと化学変化させる。

私の知人にサッカー好きが高じて、「サッカー好きの取引先の社長を集めたサッカーチーム」を結成した男性（30代・会社役員）がいる。

新しい取引が常に生まれる仕組みとなり、会社の売上を押し上げている。

健康促進につながる楽しい遊びであると同時に、実利を生む集まりともなっているのである。

私の例を紹介しよう。遊びを取り込んだ結果、仕事に生きた例である。

著者デビュー間もない頃、読者を集めてオフ会をすることにした。本のテーマが恋愛だったので、〝恋にまつわる曲〟だけをかけるオールナイトＤＪパーティーを開催したのだ。

私もＤＪ陣のひとりとしてプレイした。その後、累計で２０００人以上が参加するイベントになった。

仕事に〝遊び〟を注入する

仕事に遊びのエッセンスを生かしている人は、会社や世間の常識に縛られた人からすると異端児にも見える。ときに「遊んでばかりでちっとも仕事をしない！」「責任感がない！」「結果を出さない！」という評価を受けることもあるだろう。

しかし、**他者評価で信念を曲げてはいけない。**異端児スタイルを放棄した瞬間、あなたはこれまでと同じ悶々とした日々に逆戻りしてしまう。

むしろ、「能力を発揮できる場所、好きなことで働ける場所はどこか？」を探し、転職する機会を社外時間でつくるぐらいの居直り感が必要なのだ。

7 心躍る感動体験を、憂鬱への特効薬として常備する

毎日がつまらない――。そんなふうに感じながら過ごすミドルエイジは多い。

「世界の先進国が加盟する国際機関OECDの2005年の調査によれば、『ほとんど、もしくはまったく友人や同僚もしくはほかの人々と時間を過ごさない人』の割合は日本の男性では約17％（女性は14％）で、21カ国平均の3倍近い。もちろん調査21カ国の中ではダントツのトップ」（東洋経済オンライン、2017年4月4日）なのだそうだ。

子ども時代に夢見た未来とは程遠い今を嘆き、「ああ、こんなはずじゃなかったのになあ」とため息をついてはいないだろうか？

一方、仕事を離れた瞬間から、一瞬一瞬を楽しんでいる人たちがいる。まるで、子ども時代の夏休みのようだ。彼らにとって、子ども時代の夏休みは、遠い日の思い出ではない。「今も続く鮮明な現実」なのである。

彼らは、**「仕事から離れて楽しむ場所」を思い出した瞬間に、頭の中が「子ども時代の夏休み」に切り替わる。**

この無邪気な感覚が残っている人と、そうでない人とでは、毎日の精神状態に大きな格差がある。

前者は、大人になってからも「楽しかったなあ」「感動したなあ」「よく笑ったなあ」という思い出が脳にたくさん記憶され続ける。いつでもそれを思い出し、悦に入り、興奮状態になれる。

記憶の引き出しからカラー映像の思い出を再生して、そこから新しい未来図を描くことができる。**仕事がきついときでも、「ああ、また思い出をつくりに遊びに行こう！」と仕事の気持ちを切り替えられる。**

しかし、「子どもの夏休み感覚」が残っていない人の脳内はその正反対である。ここ数年以内の「楽しい思い出映像」を、「感情の高鳴り」とともに思い出すことができない。それもそのはず、プライベートでの「感動体験」「高揚体験」がほぼなく、ここ最近の記憶もずっと灰色《グレー》だからだ。

実際にスマホの中の写真記録も少なく、数少ない写真を眺めても心が躍ることもない。あなたはどうだろう？

脳内の思い出映像がモノクロだとしたら、後悔につながる過ごし方をしてきた証拠である。

何のために生きてきたのか？

何のために仕事をがんばってきたのか？

社会的な意義はこじつけられるかもしれない。しかし心の底では、魂が虚無感に嘆き、「意味がなかった」と泣いている。

これまで自分の心に気づいていながら、見て見ぬふりをしてこなかっただろうか？

その後悔が、ますますあなたを灰色の世界へ追いやってしまうのである。

子ども時代の夏休み感覚を、この1年で何回感じられるか？

これを今後の課題としてみるのはどうだろう。

人生は後悔するためにあるのではない。もっと感動しながら生きようではないか。

子ども時代の夏休みの感覚を取り戻せ

8

あこがれの仕事を社外でする

毎日が憂鬱、仕事がつまらない。でも、やらないと食えないからやらざるを得ない。息苦しく、自分が自分ではないような日々。

会社が嫌でたまらない。成果も出ないし、ここから離れたい――。それはあなたの中のレーダーが、「そっちはうまくいかないよ」と反応している証拠である。

思い切って新しい仕事や活動を見つけて着手したところ、とんとん拍子にうまくいった、という話をよく耳にする。

私にも同じ経験がある。魂が喜ぶ方向にシフトした瞬間、努力という感覚は完全に消えてなくなった。「こんなに興奮させてくれてありがとう」「没頭させてくれてありがとう」という感覚で体中が満たされた。

成果が出て収入も増え、魅力的な人脈も増え続けた。このような状態に、あなたも必ずシフトできる。

会社を辞めて、好きなことやあこがれに向かって突っ走るのもいい。しかしそれは、貯金があり、社外のキャッシュフローもあり、さらには実家住まいや持家であるなどの場合に限る。

そうでない場合は、**会社を辞めずに「社外で働く」のがいい。**

会社以外であこがれの「仕事」をやってみるのだ。やってみたかったことを「仕事」として実際にやってみる。

アルバイトでもいいし、無報酬のボランティアでもいい。あこがれの仕事の端っこをかじらせてもらおう。

実際にやってみると、肌で感覚を確かめることができる。

「実際にやってみたけれど、思っていたほど楽しくなかった」「実際にやってみたら、あまり自分には合わなかった」。もしこう感じたなら、すぐにシフトすればいい。いろいろ試すことで、働き方のチューニングをするのだ。

私も会社員時代には、あこがれの仕事をいろいろとやってみた。ファッション誌の編集の手伝い、テレビのＡＤ補佐、バーテンダーの補佐、クルーズ事業のスタッフなど20種くらいを経験した。それが今の私の仕事の基礎となっている。

本業以外の時間を使って、未来の行き先をチューニングする。それが悔いのない人生をたぐり寄せる。

さあ、社外であこがれの仕事にとことん浮気をしよう。癖になる浮気に出会えたとき、あなたの未来は好転する。

ON
OFF

本業以外で
気になる仕事と浮気する

9 実年齢より「心の年齢」を意識する

もう年だし、もうオヤジだし、もういい年になってきたし……。そんなふうに嘆いていないだろうか？

35歳を超えたあたりから、この「もう〜だし」を使い始めるミドルエイジが一気に増えだす。

毎日が家と会社の往復の繰り返し。毎日同じ時間に同じ道を通り、会社で同じことをして、同じ人たちと話す。このような生活では、新鮮な感覚が失われていくのは当たり前である。心の老化を止めることは難しい。

もっと言えば、この「もう〜だし」を口にしているうちにますます自己暗示がかかり、心が老けてしまう。心が老ければ、実際の見た目の老いにも拍車がかかることは間違いない。

しかし、**仕事が楽しい人、やりがいを感じている人は、決して「もう年だし」などとは言わない。**仕事は退屈でも、仕事以外で夢中になれるものがある人も同様だ。そして、**彼らの多くは、見た目年齢が実年齢よりも若々しく年齢不詳の人が多い。**

私が運営している「芝浦ハーバーラウンジ」という交流会には、20〜50代の生きることを楽しむ大人たちが集まる。

参加者や、芝浦ハーバーラウンジを検索して画像を見てくれた人は、皆、口を揃えて「若々しくてオシャレな人が多いですね！」と感嘆する。

お客さんだけではない。この会は毎週交代制の4チームで運営しているが、そのメンバーも皆、年齢不詳で若々しい。

好きな仕事をイキイキと楽しみ、オフタイムでも活躍できる場所があり、生きることを楽しんでいるからにほかならない。彼らは皆、色気があり、そして話題も豊富だ。

独身者は、異性からモテまくっている。

ぜひ、会社や仕事以外に生きがいを持ち、楽しむ日々を送ってみてほしい。きっと、〝若々しく年齢不詳な仲間たち〟が増え始めるはずだ。

しばらくすると、「毎日をつまらなそうに過ごす人」や「躍動感のない人」とは体質が合わなくなる。

普段、年齢を振り返って嘆いたり、もう年だからと行動を抑制するようなことがないだろうか？ 心当たりのある人は、**もっともっと心が興奮する何かと出会うべき**だ。

「会社と仕事以外の時間を楽しくするには？」を、自分に真剣に問いかけてみてほしい。これ！ と思ったものがあったら、随時、スマホにメモしてみることだ。その何気ないメモたちが、あなたの未来を変えてくれる。

ON OFF

「もう年だし」を封印する

10 「会社のルールは、ビジネスゲームのルール」と割り切る

休日でさえも、ずっと会社のルールを引きずってしまう人がいる。

例えば、会社での評価をそのまま「自分への評価」だと思い込んでしまうような人だ。

会社の営業成績が悪いからといって、自分の価値まで低いものと思い込む。低いセルフイメージのまま、アフター8や週末を過ごす。自信なさげに肩を丸め、卑屈な発言をしてしまう——。

心当たりのある人は、この間違った思考習慣を自分から切り離すべきだ。

あなたが会社でもらったその評価は、特定の会社が特定の商品やサービスを世の中に提供するときのルールでしかない。

そのルールで運営されている組織の中で、よい評価をもらえなかったというだけのことである。

それなのに、自分の存在と人生のすべてを否定するのは、かなりおかしな話だ。

子どもの頃に、１００メートル走が不得意だからといって、人生を否定しただろうか？　算数が苦手だからといって、休み時間まで小さくなっていただろうか？　それらは「教科」のひとつにすぎないと思っていたはずだ。

会社を一歩離れたら、「会社のルール」「会社の成績」のことはキッパリ忘れる。

会社以外の好きなことや好きな仲間でのルールに自分を置いて、その中で楽しさのスコアを競う。

これを、あなたの人生のルールにしてほしい。これができれば、自動的に会社のスイッチをオフにできる。

会社のルールに人生のすべてを縛られるべきではない。

これは、大切な自分の人生への「礼儀」でもある。

家電メーカーの法務部に勤務する小川さん（30代・女性・仮名）は、仕事の性質上、小さなミスも許されなかった。逆にクリエイティビティーは無用で、創造力はかえって仕事の邪魔となっていた。

小川さんは本来、おしゃれな雑貨や服が好きで、セレクトショップを回るのが趣味。インターネット上のセレクトショップをネットサーフィンするのも大好きだったこともあり、自分で雑貨を輸入して販売するショップを運営するようになった。

ネットショップを始めて2年後には、お客さんを集めてイベントを開催。大好きな仲間がたくさん増え、その世界のちょっとしたカリスマ的な存在になっていった。商品バイイングのセンス、尖《とが》ったショップづくりのセンスが生きた結果であった。

会社ではミスを出さないよう緊張していても、会社を出た瞬間に小川さんは胸を張り、人気ショップ運営者の顔になる。

退社後の小川さんはその日会社で何が起ころうとも、会社のことなどはみじんも思い出しはしない。社外でのパラダイスを満喫する日々を過ごしながら、もっと自分らしさを発揮できる会社に転職する決意を固めている。

社外天職で、自信と誇りを漲《みなぎ》らせる

11 偶然の見えない力を大切にする

「会社以外の場所で知り合った人が、偶然妻の弟の親友だった！」、このような**偶然を「シンクロニシティー」と言う。**

これが日常的に起こるようになったら、あなたも「心を解放する達人」の仲間入りと言える。

偶然が起きた瞬間、「そんなの偶然だよ」で終わらせずに、「おお、なんという偶然！それは何かの縁かもしれないね」とあえて言葉にしてみる。

「天文学的な確率」での偶然の出会いが起きたり、願ったものが連続で手に入ったときなどは、さすがに「見えない力」に導かれている気がする。

なぜ、偶然を引き寄せるのか?

なぜ、偶然の頻度が増えるのか?

それは〝心〟のアンテナが今必要な人を検索して、同じ振動の人を引き寄せるからだ。

私も会社員時代、偶然の機会が格段に増えたときがあった。

「偶然の知り合いが、知り合い同士」だったり、1カ月に20件以上の偶然が訪れた。類は友を呼ぶと言われるように、同じ価値観や世界観を持つ者同士は引き合う。

当時はフェイスブックのようなSNSもなかった頃だから、この現象がとても不思議に感じられた。最近ではSNSを通した新しい出会いも多い。SNS上での初対面の人と、偶然に20人、30人と友人が重なっていることなどは珍しくない。

好きな場所や趣味などの興味ある対象が磁場となり、互いを引き寄せ合う。その結果、似たような感覚の共通の知り合いが発覚する。

心の振動が必要な人を引き寄せる

心が解放されている人には、「シンクロニシティー」が頻繁に訪れる。

心の電波は、必要な人の受信機に届く。

こうなると、次にどんな偶然が待っているのかを想像し、期待でますます毎日が楽しくなる。

まさに、固定された人間関係だけでは味わえない神秘である。地球上のすべてがフィールドとなる〝引き寄せゲーム〟とも言える。

さあ、心を解放して、未知の出会いの海へ飛び込もう！

Action 2

きちんと遊んで、「面白みのある人」になれ!

――「快楽の時間」をつくる。

12

「遊びの時間」をルーティン化する

自分らしく楽しんで生きている人には、脳が200％「快」になるゴールデンタイムがある。それらは習慣化され、ルーティン化されている。脳が「快」に満ちた日々を過ごしている。

ジョギング、ウォーキング、筋トレ、ゴルフ、スポーツジム、サッカーや草野球などのチームスポーツ、ペットとの散歩、行きつけのバーでの談笑、勉強会、サークル、ボランティア活動など、「自分が楽しく過ごせる時間」が、毎日の生活の中に絶対的に「組み込まれている」のである。

仕事で疲れているときは、趣味やスポーツ、社会活動の場に身を運ぶのは、つらいこともある。しかし、約束していたり、予約していたり、あるいは会費を払ってしまっていると、心にムチ打ってでも行かないといけない。しかし行ってみると、「やっぱり、来てよかった」となる。

体にムチ打ってやってみると、「無理してやってよかった」「家で酒を飲み始めなくてよかった」「あー、楽しかった！」となるのだ。

あなたには、そんなルーティンがあるだろうか？

ときに面倒くさいけれど、逃げられない。嫌々やってみたら、結果的に「快」になれてしまうような強制的なワークアウトが――。

これにより、あなたの心身の健全性は圧倒的に保たれる。会社に隷属している心が強制的に引きはがされて、本来の自分に戻れるのである。

ルーティンな遊びの時間がないという人は、「自分の機嫌を取る」「自分を楽しませる」命綱がないのと同じだ。この状態は、じつに危険である。

ストイック、倹約家、努力家ではある。しかし、人生のすべての時間が仕事という一定方向しかない。しかも好まざる仕事に従事している。

そんな人が楽しみを継続することは難しい。だから、**「強制的快楽」が必要なのだ。**

もしあなたの毎日が、家と会社の往復だけになっているのであれば、ここで小さな努力をしてみてほしい。

どの「遊び」が自分に一番合っているのか？

最適な「遊び」を探すために少し労力を使う。

そして、**スケジュールに強制的に「遊び」を入れる。**

これを何が何でも実行するのだ。

私自身の話をしよう。「毎週木曜日、大人の海辺の社交場を開催」「毎週1～2回のキックボクシングジム」「月1～2回のヨット」は強制的なルーティンとしている。

本音を言えば、疲れて行きたくないときもある。しかし、約束しているから行かざるを得ない。そして行ってみると、「来てよかった」と必ず思える。

この習慣があるから、私は「仕事しかない男」にならないでいられる。仕事にも効率的に集中できて、いいことずくめである。

遊びの時間がある人は、他人から興味を持たれる。もちろん、遊びのない努力家でも信頼はされる。しかし、その人が好きか嫌いかという感情レベルでは、「好まれる」とは限らない。なぜなら、「面白み」と「色気」がないからだ。人は、「楽しい」や「明るい」が好きなのだ。

好かれないということは、「仕事でしか必要とされない」ことを意味する。好かれない人間は孤独だ。孤独は心に毒を生む。

人生は楽しくなければいけない。そのためには、人としての面白味や人柄は、教養よりも知識よりも仕事力よりも、ある意味で大切なことだと思う。

遊びの時間をルーティン化して、人としての面白みを手に入れよう。人から興味を持たれる人、好感を持たれる人を目指そう。あなたもぜひ、実践してみてほしい。

ON
OFF

強制的な〝快楽時間〟が、面白みと色気をもたらす

13 1日を〝仕事一色〟に染めない

面白くて色気のある人は、仕事で疲れたり、ストレスを感じたり、怒りを感じた直後の「快楽探し」がうまい。

「楽しいことはないか？」「気晴らしになることは何か？」とアンテナを立て、必ず楽しみを見つける。**「積極的現実逃避の達人」**と言っていい。

「疲れていても1日を仕事だけで終えてはダメ」。このことを本能的に察知している。

彼らは楽しみの発見により、アドレナリンやドーパミンなど〝脳内麻薬物質〟を、いつでも脳内に分泌できる。

同じ仕事量をこなし忙しいはずなのに、「よく、こんな店知っているね？」「あのスーパー銭湯に行ってきたの？」「どっからそんな楽しい情報を得たの？」と感心するような話題を持っている。

同じ街を同じように毎日歩いても、彼らの目には「お楽しみどころ」が鮮明に飛び込んでくるのだ。

楽しみ上手な人は衝動的に動く。彼らは、感じたら動く。それが自分に〝脳内麻薬〟を呼び起こすことを無意識で知っている。

「あ、心がカサカサしてきたな」、そう思った瞬間に行動に出る。面白がることによって、1日をみじめに終わらせない。楽しんでから、よい眠りで1日を終える——。

受験勉強のときを思い出してほしい。「勉強しかしていない人」と、「勉強もしっかりしているのに、オシャレも恋愛も上手に挟み込んでいる人」がいたはずだ。それと同じタイプの人だ。

ほんの少しでもいい。

10分でもいいので「楽しみを見つける時間」を1日の中に設けてみる。

このちょっとした習慣で、あなたの顔つきにも表情にも色気が加わるはずだ。

楽しい時間を自分で見つけられない人の心は、いつも孤独である。孤独は幸せの最大の敵である。

私たちは、この敵に人生を脅かされる危険性と常に直面している。なぜなら、人間は孤独により、簡単に壊れてしまうからだ。

楽しい時間を見つける小さな習慣が、自分らしく生きるための大きな力になる。

あなたも今日から、この〝愛すべき無駄行動〟に身を投じてみよう。

ON
OFF

快楽を抱きながら、眠りに落ちる

14 仕事とは別の〝二重人格者〟になる時間をつくる

「仕事とは別の人間になる時間」を持っている人たち。彼らは〝二重人格〟の達人である。

「会社のキャラクターのままでは、人生は20％も楽しめない」

そう語るのは、旅行会社に勤務の牧田さん（48歳・男性・仮名）。会社での性格は、「仮の姿」「仕事をするための別人格」と言い切る。

さらに続けて、こう断言する。

「会社では、自分の面白みの20％も出しません。プライベートとまったく別キャラです。会社とプライベートが同じキャラという人は、よっぽどつまらないプライベートを過ごしているか、全人格を出し切れるような天職に就けているか、そのどっちかですね」

牧田さんは社外で、独身の男女のための「出会いの演出」をライフワークとして楽しんでいる。月に2回、独身の男女のために、いわゆる「合コン」を開催している。「日本酒」「ワイン」「カラオケ」「クラブ」などテーマを変えて、少人数で開催、約100人前後のコミュニティーをつくっている。

60歳になる12年後、定年退職後に本格的にビジネスにしていきたいと考えている。予行練習でもあるこの活動で、自らがエンターテイナーとなり、場を盛り上げる。

「声も表情も物腰も、もちろん性格も別人ですよ。会社のままだと、ただのつまらないオヤジですよ。うちの会社では、〝つまらない人〟くらいがちょうどいいんです。面白さは邪魔になります。会社では、はみ出してしまうキャラクターがプライベートでは生きています」

「仕事とプライベートの性格やキャラクターが、ほとんど変わらない」という人は気をつけたい。仕事の中に自分を押し込んだまま、出てこられなくなっている可能性もある。

プライベートでも心が窮屈な状態では、「本当の人生を生きていない」も同然である。**オフタイムには、会社の自分とは別のキャラクターをとことん楽しみたい。**

「二重人格ですね（笑）」「キミみたいな人には会ったことがないよ」、そう突っ込まれたらしめたものだ。

さあ、あなたもオフタイムでは優等生を脱ぎ捨て、「本当の自分を取り戻すこと」に挑戦してみよう。

会社生活だけでは納まりきらない、あなたの魅力を解き放て

15 「やらされ感のある時間」を減らす

1日24時間の中に、「やらされ感」をどれくらい感じているだろうか?

この数値は、人によって大きく異なる。「仕事のやらされ時間」が100%に近い人、70%、50%、30%、20%、ゼロに近い人まで十人十色。

例えば、好きな仕事で独立したり成功している人たちは、仕事も仕事以外も「やらされ感ゼロ」に近い毎日を過ごす。

「楽しい」ほうが、仕事も遊びも趣味も成果が出るし、長続きもする。いつも楽しそうで人に好かれる。さらに、健康的にもなる。

大好きな仕事を選び、自営業に転身するのは難しいかもしれない。しかし、**退社直後の時間から「やらされ感」を減らす**ことはできる。これが、あなたのこれからのミッションだ。

「やらされ感」から、人生が好転することはない。

まず、呼吸が苦しい。表情はこわばり、創造力、集中力が下がり、ミスを連発する。イキイキとしている人、好きなことをがんばっている人と話せば、引け目を感じたりもする。精神も不安定で不機嫌になりやすくなる。

このように「やらされ時間」の量が、人生の質に影響を及ぼす。

だからこそ、**プライベートタイムでは「やらされ感のある時間」を、1分でも減らす工夫が必要だ。**

時間の使い方を考えることは、「命」を何に使うかを考えるのと同じこと。1日中、「やらされ感」に満ちた人は、「命の浪費家」とも言える。

もっと厳しい言い方をすれば、他人の人生を生き、自分の人生を生きていない人でもある。

終末期医療の専門家である、緩和医療医・大津秀一先生の著書によれば、「死ぬときに後悔すること」のひとつが、「自分のやりたいことをやらなかったこと」なのだそうだ。

若い頃に命の浪費をしていると、必ず人生の後半でこの後悔に向き合うことになる。

20代の会社員のとき、私の会社での時間は「やらされ感」しかなかった。しかし、社外での活動の時間が、いつも健全な心の状態に戻してくれた。

会社での「やらされ時間」の反動で、社外での時間は「やりたいことだけ」で埋め尽くした。

当時の私は人生の50％が「やらされ感」で、残りの50％が「やりたい感」で構成されていたことになる。

もし、「プライベートの楽しい時間がなかったら……」、そう想像するだけでゾッとする。

会社の外での「50％」が、日々を生きる希望となった。その時間が、人間の誇りを守ってくれた。

会社の時間が楽しくなくても、それ以外の時間が誰にでもある。

会社を一歩出たら、「やらされ感の後味」は完全に追い出さなければならない。これが〝仕事の被害者〟に陥らないための方法である。

会社がつまらなくても、残りの50％で健全な心身を取り戻す

16 〝楽しすぎる時間〟に没頭して心の痛みを洗い流す

「楽しすぎて時間が過ぎるのが早い！」

こう感じることがあるだろうか？　そのような人の人生には後悔が少ない。

一方、プライベートタイムだというのに、「暇だ、することがない」とこぼす人がいる。

このような人は、やがてマイナスなことばかりを考え始める。「暇すぎる毎日」は忙しすぎること以上に、人の心を壊す。不機嫌で迷惑な人をつくるのである。

アインシュタインの「相対性理論」にもあるように、「時間の感じ方」はその人の「感じ方」「主観」でまったく異なる。楽しい時間は過ぎるのが早く、それでいて記憶に残りやすい。

逆に、つらい時間は長く感じられるうえに、何の思い出も残らない。驚くほど無味乾燥である。

あなたのプライベートタイムは、どちらだろう？

何をしているときが、「時間が過ぎるのがもっとも早い」と感じるだろうか？　すぐに思い浮かばない人は、過去に没頭した体験を思い起こしてみよう。

最近のことでも、子どもの頃のことでも構わない。思い出せたら、それらの記憶を一つひとつたぐり寄せ、頭の中で「再体験」してみる。そして、「いいな」と思うものがあれば、遠慮なく再没頭してみる。

このリハビリを繰り返そう。**クヨクヨ、イライラ、悩みすぎといった負のエネルギーを一瞬で中和して、自分本来の心を取り戻せるはずだ。**

「ああ、楽しかった！　もっと楽しむ時間がほしい！」

いつもそんな感情を抱きながらプライベートタイムを生きよう。

「楽しすぎて没頭してしまうこと」さえあれば、会社の人間関係や家庭問題などで生じる「心の痛み」を毎日緩和させることができる。

心の痛みを楽しみで〝麻痺〟させ、心が折れずに生きられるのである。

会社の時間が終わったら、「楽しくて時の経つのも忘れてしまうような時間を増やす」。それが自分らしく生きるためのあなたのミッションである。

ON
OFF

過去の没頭を再体験してみる

17 人生の時間を何に使うか、主導権は自分で握る

会社生活においては、〝あえて流されること〟も大切な仕事のひとつである。組織やチームの意志に自分を合わせ、前向きに流されて従事することで、大きな成果を得る。得た利益の一部が給料となる。チームの一員となり、前向きに創造的に流されることは、会社員の肩書とセットでついてくるものである。

「ひとりの力は小さくても、組織となることで大きな富を皆で得る」。これが会社員の強みである。一方、短所は「自分の意見が通るとは限らない」ということ。健全な利益を得るための「おおいなるあきらめ」もセットでついてくる。

しかし、あまりにも会社の論理に流されていると、プライベートでも「流される人」になりやすい。

会いたくない人に会う。行きたくない場所に行く。面白くもないコミュニティーや勉強会などに惰性で顔を出し、やらされ感たっぷりにプライベートを過ごす。人のせいにして不平不満をもらす。

自分の意志で「やりたいことを考える」ことが面倒で、思考を放棄する。心からの願望、欲望、あこがれなどで動くことができなくなる。

これらが会社からもらう〝後遺症〟である。こうなると、もう本当の自分がわからなくなる。

会社を一歩出たら、「流される人」をやめよう。
自分の行動は、自分の全権全任で決定しよう。

プライベートでも流されている人は、休日にこんなエクササイズを試してみてほしい。

休日を自分の意志だけで支配する

休日には、朝から晩まで「自分で決めた行きたい場所」だけに行く。「やりたいことだけ」をする。

自分のワクワクする意志で決めた行動計画だけで1日を埋めて、そのとおりに行動し尽くす。

実際にやってみると、普段いかに「やりたいこと」に時間を使っていないかに気づける。同時に、「自分の心に従って動くことの快感」を体験することができる。「自分で感じ、考え、決めて動く」練習にもなる。

他人に「流されない時間」を持ち、自分の人生のオーナーになるべきだ。

「支配されている」と感じるものを排除して、そこに自分の意志という種をまく。

これが自分の人生を取り戻す一歩となる。

18 早朝の神聖な時間に神になる

朝の5〜8時、あなたは何をしているだろうか？　夢の中だろうか？　この朝の時間を有効に活用している人は、人生が何十倍も充実する。

朝は、脳がスーパーコンピュータのようにクリエイティブに働く聖なる時間。いわゆる「神の時間」である。ゆっくり眠って疲れが回復した脳は、昨夜の何倍もの創造力に満ち、オートマティックに有意義なアウトプットを紡ぎ出してくれる。

私も、原稿を書くのは早朝にしている。5〜8時の朝時間を活用するだけで、新鮮な原稿を書き上げることができる。

9万部売れた『「バカになれる男」の魅力』（三笠書房）は、なんと2週間で書き上げた。私の場合ではあるが、著者として極めるなら、毎朝5時に起きて書くのが最適であることがわかっている。

朝の神聖な時間は難題を解決したり、新しいアイデアを創造するのに最適だ。上質なアウトプットが大量にあふれ出る。情報収集や読書などのインプットにも向いている。自分の能力が普段の5〜10倍になるから、自尊心も断然高まる。

朝の時間を寝過ごしてしまうと、その1日はもうほぼ台無しである。後悔が午後までついて回る。この積み重ねが人生の後悔にもつながる。

朝の時間を有効活用してみてはどうだろう？　仕事を効率よく終わらせるために使えば、アフター8に十分な時間も確保できる。

あるいは早起きして「本当にやってみたかったこと」を楽しみ、颯爽《さっそう》とした気分で出社するのもいい。

前倒し感で、自尊心を高める

朝時間がなぜこんなに魅力的なのか？　それにはふたつの理由がある。

ひとつは**「前倒し感」**だ。誰からもせっつかれている感がない。これは大きな意味を持つ。未来だけに目を向けられる。

もうひとつは**「ロケットスタート感」**。朝一番から抜きん出てリードしている自尊心で、心が漲る。私も5時起き執筆をするたびに、「人生必ずうまくいく！」という強い確信で心が満ちあふれる。

あなたも朝時間を活用してみてほしい。毎日が今よりもっとクリエイティブになる。必ず、新しい人生のリズムが生まれるはずだ。

19
真夜中の闇の中で、自分の魂と向き合う

世の中には朝型と夜型、そしてミックス型の人がいる。私はミックス型で、夜更かしをすることもある。

夜の闇は、神秘を感じるために活用する。見えない力の存在を意識して、自分の中に取り入れる。人生を顧みるのにも大事な時間である。人生の節目節目で、真夜中の気づき時間を取り入れてみてほしい。

今から27年前、大学4年の秋のことである。深夜の海辺に車を飛ばし、未来地図を構想した。

私は、そのときに描いた未来に今、存在している。午前2時、高速道路を飛ばし、漆黒の波打ち際を走り抜け、海辺のファミレスでノートに未来図を興奮しながら書きまくった。

深夜と夜明けの境目、紫色に染まりゆく東の海に希望を馳《は》せ、高揚しながら帰路についた。**真夜中に深く潜り、自分の魂と向き合う。**人生を取り戻す儀式である。

ときに、夜の街の喧噪《けんそう》に紛れることも人生の深みにつながる。

夜の街のカオスとエネルギーが、人間の感性を解放する。男女の出会いが繰り広げられる思わぬドラマ展開も含め、夜の街には〝人間の命の躍動〟がある。

夜の街に浸り、語らい、人と触れ合う。それは人間の本質に触れることでもある。読書やテレビ、映画を観るだけでは得られない、リアルな本能的生命活動に触れられる。

夜の街の躍動を知らない人は、人間を知らない——。そう言い切っても過言ではないと思う。

真夜中の街でこそ〝本能〟はむき出しになり、そこで抱いた感情が未来に向かう着火剤となる。

「自分の本音は真夜中に聞いてみろ！」ということだ。

「ひとりで自分に深く潜る真夜中ディープダイブ」。そして、「複数の人間とともに潜る真夜中ディープダイブ」。このふたつを試してほしい。

いずれも、自分の世界を深めるきっかけとなる。

ON OFF

真夜中ディープダイブで、もうひとりの自分と話す

20 「週休4日」と考えてみる

金曜の夜も目いっぱい仕事をして、さらに持ち帰る。土曜日は出勤して、日曜日だけ休む。日曜日の夕方からは翌週月曜日からの準備を始める——。あなたに、こんな経験がないだろうか？　これでは、正味たった1日の休みもないことになる。

その一方、このような人たちがいる。**金曜の夜からキャンプに出かけ、金曜、土曜、日曜と3連泊して、月曜の早朝に帰ってくる人たちだ。言わば、週末バカンスの達人**である。

時間を有効に使えば、週末バカンスは足掛け4日間となる。私も会社員時代に、何度かこのバカンスに挑戦した。金曜日の夜に那須高原にキャンプに行き、月曜日の早朝に東北自動車道を車で帰京した経験がある。

これは、誰にでも可能な週末の過ごし方である。月1回やれば、バカンスが年間で12回以上になる。夏期休暇、冬季休暇、正月、ゴールデンウイーク、さらにはそのほかの休日も合わせれば年間20回以上のバカンスの達人になれる。

しかしこれをすすめると、不安を口にする人たちがいる。「金が続かない」「仕事をまじめにやっていないイメージがつく」「月曜にちゃんと社会復帰できなさそう」「ビジネスマンとして成長しない」などなど。

もし費用の不安があるなら、お金をかけない方法を徹底研究すればいい。宿泊先をキャンプにする。サーフィン、山歩き、バーベキュー、自炊にする、材料費などは参加者で割り勘にする。そうすれば、お金は大してかからない。

参加者を公募するという手もある。これなら自分の参加費はかからないし、うまくいけば利益まで出る。

バカンスに浸るだけでなく、行き先で読書をしたり、2時間早起きして仕事時間を設けるのも有意義だ。いつもの生活の場所を離れることで、質のよいひらめきが生まれる。

あなたも試しに、金曜の夜から月曜の朝まで**「足掛け4日間のバカンス」**を過ごしてみてほしい。

これを決行するだけで、**あなたの心は会社から引きはがされる。**「自分は会社の一部ではなく、会社が自分の一部である」と気づけるだろう。

さあ、今週の金曜日、いつもの生活の場から思い切って離れてみよう。まずは行き先検索から始めてみることだ。

ON
OFF

月1回の4日間のバカンスで、年12回の週末バカンスを楽しむ

Action 3

ロマンを語り、「人生のヒーロー」になれ!

――「第3の活動」で「伝説《レジェンド》」をつくる。

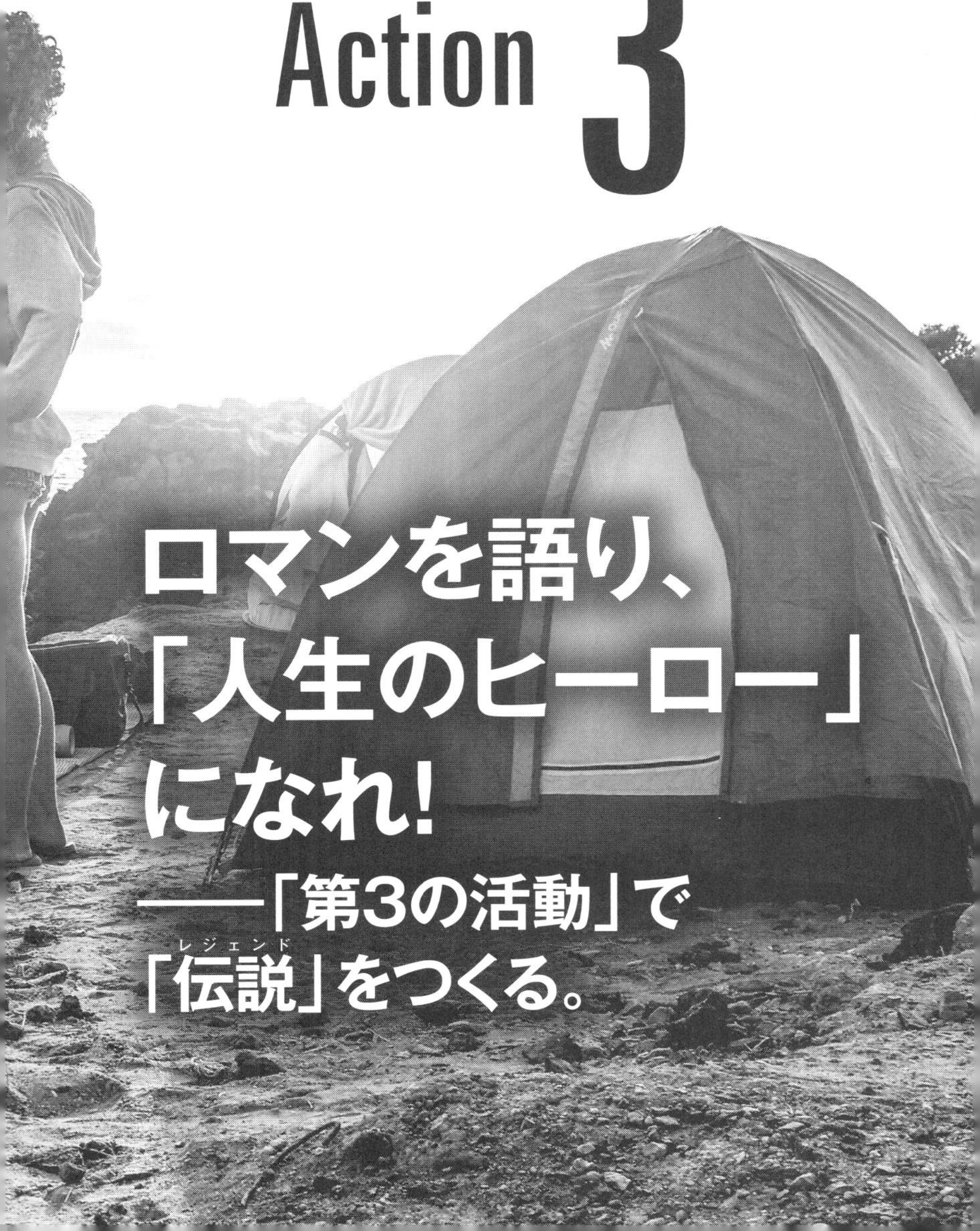

21 「1秒でロマンを語れる人」になる

「あなたのロマンは何ですか？」

こう質問をされたら、あなたはどう答えるだろうか？

「えっ？　急にそんなこと聞かれたって……」

と、困惑するだろうか？

それとも、

「私のロマンは、仲間と一緒に愛車でツーリングに出かけることだよ」

「大好きな日本酒同好会を開催して、その様子をブログで発信することかな」

と、目を細めながら演説モードに突入できるだろうか？

心が自由で、人生を楽しんでいる人は100人中100人が後者となる。この問いに1秒で答えられるのだ。

少数だが、「仕事がロマンそのもの」という人もいる。彼らは仕事で自分らしさを表現し、心の自由を感じながら幸せに生きていくだろうから心配ない。働きすぎによる健康状態の悪化と、価値観や人脈の偏りだけに気をつければいい。

心配なのは、「困り顔」になったり、「変なこと聞くヤツだなあ」とけげんな顔をする人たちだ。こういう人たちには、会社や仕事にはロマンがないし、プライベートにもロマンがない。


自分の人生を生きたい、後悔しない人生を送りたいなら、「1秒でロマンを語れる人」になろう。ロマンに酔う時間を持ち、情景を言葉にできる人を目指すことだ。

それは、**自分の価値観や感性を大切に育む**ことでもある。

好きなときに「会社」を自分から切り離し、ロマンの海に飛び込み、サードプレイスに自分を潜らせる人々。彼らはいつでもどこでもロマンに浸ることができる。そして、いつでも脳内に「快楽ホルモン」を分泌できるのである。

ロマンを語れる人は、ロマンを語れる人同士で集い、語れない人は、語れない人同士で集う。似た者同士でいるのが、居心地がいいからである。

ロマンを語らない人から見れば、ロマン野郎はうっとうしい。逆にロマンを語る人からすれば、ロマンのひとつも語れない人は退屈で仕方ない。


「あなたのロマンは何ですか?」

この問いに1秒以内に答えよう。


「妻と秘湯を巡ることだよ」

「バツイチ独身貴族として、素敵な異性と大人の恋に浸ることだよ」

「朝焼けを見ながらトレッキングをすることだよ」

「トローリングでシイラと格闘することだよ」

「ダンスコンテストに出て、スポットライトを浴びることだよ」

「二枚目の名刺で社外事業を成功させることだよ」

などなど。

すでに行動していることにして、目を細めて、悦に入りながら言葉にする——。

そんな練習をしてみよう。

それが板に付くころ、あなたは今より10歳は若々しくなっているはずだ。

愚痴や自慢ではなく ロマンを語れ

22 本気で遊べる「秘密基地」を確保する

「もっともっと、人生を楽しもう」、そう決めたはずなのに、実行できない！　「仕事が終わらない」「金がない」「気分が乗らない」「罪悪感がある」。そんな気持ちに負けてしまう。家と会社の往復生活に逆戻り――。そんな経験は誰にでもある。

上手くいく人は、ある工夫をしている。**「楽しい場に最初に投資して、確保している」**ということだ。

「場」を「金」で所有する。

「場」に先行投資をするだけで、憂鬱で気分も晴れない人間には、二度と引き戻されなくなる。

例えば、ヨットや船を共同で所有している人たち。今は船もだいぶ安く所有できるようになった。中古の日本車と同じくらいの値段で、8～10人乗り前後の船が購入できる。

さらには、マリーナでの船舶の保管料も、以前と比べてだいぶ安くなっている。場所にもよるが、年間40～70万円で維持できるはずだ。そうなると、船の月額保管料は3～6万円台となる。仮に5人で購入すれば、購入費用も保管費用も、5分の1でまかなえる。

「使わなければ損」という気持ちになる〝秘密基地〟を所有してしまおう。

月会費数千円、1回2万円から、何度でも無料で船が借りられるサービスもある。

このような〝強制的なレジャー空間〟に先行投資することで、会社や仕事だけに心が縛られた状態を脱することができる。

船だけではない。自動車、キャンプ、別宅、別荘、会員権付きリゾート、キャンピングカーなどに先行投資する。これで強制的に非現実的空間に我が身を運ばざるを得なくなる。

秘密基地を持つことで、家族にも言い訳がしやすい。「行かないと損だからね」。そのような大義名分を掲げ、仕事や家族から自分を引きはがし、大手を振ってパラダイス空間に身を運ぶ。

この大義名分が重要だ。家族のしがらみを上手に切り離し、自分の時間と場所を死守するパスポートとなる。妻を説得しようと涙ぐましい努力を重ねる必要もない。

さて、あなたは何に先行投資するだろうか？

「行かないと損だからね」の大義名分を掲げる

23 心の垢《あか》を洗い流す「聖地《サンクチュアリ》」を持て

唐突だが、**あなたには「サンクチュアリ」があるだろうか？**

サンクチュアリとは、直訳すると「聖地」。神聖な気持ちになれる場所のことである。**サンクチュアリがあるだけで、仕事でこびりついたドロドロの心の垢を、瞬間洗浄できる。**

仕事でどんなに嫌なことがあろうと、そこに行けば、ストレスや心配事、自責の念などが一瞬で消える場所。そういう絶対的な聖地を持つことで「クヨクヨ・イライラ」に苛《さいな》まれる時間を最小限にすることができる。

「超積極的現実逃避の空間」であり、自己満足的思い込み状態を完全正当化してくれる場所でもある。

ときには**仕事よりも真剣に、利益や見返りも求めずに人様に奉仕する場所**でもある。

身近な例をひとつご紹介しよう。

会社役員をしている石原さん（51歳・男性・仮名）は、生活の中に「サンクチュアリ」を持つ。自分の家族を中心にして、さまざまな友人が20～50人で集まる会合を毎月必ず開いている。「このために働いている」と自信たっぷりに言うほどだ。バーベキューやキャンプなど、会合のテーマは季節によっていろいろだ。

石原さんが開催する会合には、恋愛相手探しを目的に20～30代の女性も参加する。石原さんの3人の息子さんの恋人も参加し、開かれた家族時間を楽しんでいる。

その様子はフェイスブックなどでレポートされ、驚くほど多くの「いいね」を集めている。「いいね」が多いのには理由がある。「家族を大切にしている」という王道の幸せの波動が、見る側に伝わるからである。嫌味のない自然体の愛に満ちた会合の定期開催が、人々の心を豊かにしている。

家族を中心に性別や年代を問わず、大切な人を一堂に集めて一緒に楽しみ、愛を放射している。

石原さんはこんなことも言う。「結婚して25年、今でも妻に恋している」。この思いが、このサンクチュアリの中心核となっているようだ。

家族愛を軸にした〝オープンな聖地〟を持つ

家族だけに閉ざされず、かといって、家族をないがしろにして外にばかり目がいくのでもない。シンプルに「自分が愛する人々との思い出を刻む場所」として、聖域を維持している。

24 誰かを誘いたくなる場所を持つ

あなたには、「どうしても誰かを誘いたくなる場所」があるだろうか？　もし、これといってないという人は、「毎日の生活の中に心躍るような時間がない」可能性がある。

大好きな場所、心躍る場所、惚れ込んだ場所がたったひとつあるだけで、誘いたい人の顔がどんどん浮かんできて止まらなくなる。

まずは、**「誰かに共感してほしい」「一緒に体験したい」「喜びや楽しみを分かち合**

いたい」と感じる場所と出会おう。さらには、その場所に友人を誘おう。

そうは言っても、心躍る場所など簡単には見つからないという人もいるだろう。そういう人は、**過去の「大好きだったこと」「皆を誘って楽しんだこと」を思い出してみる。その活動を再び復活させてみる**のもいい。

サーフィンにはまった、合コンにはまった、登山にはまった、筋トレにはまったなど、必ず若い頃の「はまりもの」があるはずだ。

おそらくあなたはその頃、誰かを誘っていたはずだ。誰かを誘って、共感してもらうことで、大きな満足感を得ていたはずなのだ。

社会起業家の川下さん（40代・男性・仮名）は、「キックボクシングエクササイズ」と「ヨガ教室」を合体させたイベントを毎月開催している。最初は数人からスタートし、いまでは毎回20～30人の男女でにぎわっている。

彼は格闘技が大好きで、その面白さを「初心者に伝えたい」という願望を持っていた。昨今の女性の間でのキックボクシングブームは、ヨガを嗜《たしな》む女性たちにまで普及した。ヨガ教室をライフワークで行う友人の女性に、「キックボクシングをやらないか？」と持ちかけ募集してもらうと、すぐに女性たちが集まりだした。男女の出会いの場ともなり、そのイベントはとても満足度が高いものとなっていった。

川下さんはこのイベントが大好きで、心底惚れ込んでいるので、毎日このことばかりを考えている。出会う人をどんどん誘い込む。ついにインスタグラムから著名女性モデルにメールでアプローチまでした。そして、イベントに参加してもらうことにも成功した。

川下さんはこの活動への愛情をさらに深め、自信を持って誰かを誘い、正比例するようにコミュニティーは大きくなっていった。

あなたも、川下さんに負けないくらいの「好きなことをするコミュニティー」「人を誘いたくなる活動」をつくってみてはどうだろうか。

ON
OFF

過去の「大好きだったこと」の中に、その場所はある

25 心躍る記憶が、沈んだ心もパラダイスに変える

最近の楽しかったことを思い出すだけで、1秒で脳内をパラダイスにできる。手帳やスマホを見たり、アルバムをひっくり返したり、日記を見たりせずともすぐに、である。

これができる人は、生きることを楽しんでいる人だ。

「行くだけで心が躍る場所」がすぐ頭に思い浮かぶ人は、たいていその場所に頻繁に足を運んでいる。常にその場所に行って、体験して、感動して、五感でその空間を楽しんでいるからこそ、すぐに思い浮かべることができる。

自分らしさを発揮して人生を楽しんでいる人の頭の中には、ある共通点がある。それは「近い過去に心躍る記憶」がいくつも存在するということ。**毎日の仕事をしながらも、家庭生活をしながらも、常にときめきのかけらを胸に抱いたまま生きている。**落ち込んだときでも、先週の記憶を手繰り寄せただけで、1秒で気持ちを上機嫌に切り替えられる。

いつでも上機嫌な人は、人に好かれ、運にも恵まれる。

「遊び心」が、人生に「奥行き」を与え、深みとなる。

心の状態も行動も人間関係も、豊かになる。面白みのある人同士だけでどんどんつながっていくのだ。

「欲しかった物をもらったり、手に入れたときの喜び」は続かない。しかし、「楽しい体験の記憶」は続く。一生、喜びが心に残ることもある。

米サンフランシスコ州立大学のライアン・ハウエル氏の研究が紹介されていた。

「154人の大学生にアンケートをとり、過去3カ月以内にあった楽しい経験や買ってよかったものなどを書いてもらい、その満足度を調べた。

その結果、経験について回答した学生は、買った物について書いた学生よりも高い満足度を示す傾向にあった。さらに、経験について書いた者は、買った物についても高い満足を示したという。つまり、楽しい経験をした学生は全体として幸せな傾向にあったということだ」（カラパイア、2014年2月7日）

物を手に入れるよりも〝経験〟を手に入れたほうが、幸福度は上がる。このことが人生を幸せにするキーワードと言っても過言ではない。

「幸福の量」は「ときめきの量」に比例する

26

夜の街でかっちり遊び、艶のある色気を身につける

中年になると、夜の街にだんだん疎くなる。夜の街といっても、お金を払ってお話をしてもらうなど、サービスを受ける遊びではない。**繁華街や先端の街の店で仲間と語らい、戯れ、そのついでに麗しき異性とも知り合い、つながっていくという「遊び方」**のことを言う。

若い頃は街でナンパしたり自然に出会ったり、毎週のようにクラブやディスコに踊りに行って出会いを広げていた人も、だんだんとこの手の遊びからは遠ざかる。

やがては、夜の街での出会いとはすっかり無縁になる。これが「オヤジ化する」、

あるいは「枯れる」ということである。**世の中には所得や学歴の格差があるように、〝魅了力〟の格差がある。**学歴や収入とは無関係に、そして年齢とも無関係にこの格差はどんどん開いていく。

20代の後半ですでに、夜の街での出会いや艶やかな体験が、ほとんど消えている人がいる。あるいは最初からない人もいる。一方、50歳を過ぎても毎週のように自然な出会いがあり、自分の年齢の半分以下の女友だちがどんどん増殖する男性もいる。

この違いの要因はシンプルである。〝夜の街に行き続けるかどうか〟である。

広告会社に勤務する田村さん（51歳・男性・仮名）は、毎週のように東京六本木のスタンディングバーに行き、何人もの女性と出会い、連絡先を交換する。

深夜1時には女性を引き連れて、20代が集まるクラブに踊りに行く。そしてまた、そのクラブでは別の女性と出会うのだ。40歳から50歳で、出会いでつながった女性の数は400人。そのうちの50人は、彼のヨットチームのメンバーとして登録されている。

田村さんは妻子持ち。広告会社の管理職だから、大金持ちというわけでもない。

ヨットも共同所有である。しかし、彼の周囲にはオシャレな今どきの女性が群がる。しかも家庭は円満である。中学生の息子さんとサッカー観戦に行く行事なども欠かさない。表情は柔和でいつも上機嫌。男に生まれてきたことに感謝し、我が世の春を謳歌しているオーラをまとっている。

仕事でも、夜の街から得られる恩恵は侮れない。田村さんの広告企画は、独身女性のニーズを的確にとらえていると業界では評判だ。

このような艶のある40代、50代は、今でも街の至るところに潜伏している。水面下で、とてつもないパラダイスを築いているのだ。

あなたもあきらめるのはまだまだ早い。会社の外にサードプレイスをつくるその一歩として、まずは夜の街に慣れることから始めてみてはどうだろう?

ON
OFF

色気をまとう男は、何歳になっても女性を魅了する

27 自分の言葉で発信する

「セルフメディアを持とう」と言うと、「僕には無理だよ！」「発信できるネタもないし」と構える人が多い。セルフメディア発信とは、ブログやSNS、あるいはウェブメディアから、自分の考えを発信するということだ。

誰でも自分の仕事では「専門家」である。あるいは、**のめり込んでいる「趣味」でも同様だ。**あなたは、「初心者」「入門者」と比べればすでに十分な知識を持っている。

その道の初心者・入門者に向けて、わかりやすく、かみ砕いて基本の基本を教えればいいのだ。

ブログで自分の得意技を「お役立ちコラム」として発信する。あなたが得意とする分野の超初心者に向けて、ノウハウを丁寧すぎるくらいにかみ砕き発信する。読者の不安な気持ちに寄り添いながら文章にする。このようなブログ発信をするだけで、自分らしくいられる場ができる。

そのブログでは、あなたが先生で、読者が生徒だ。そして、ときに読者は仲間となる。その場はあなたにとって、パーフェクトに自分らしい場となる。

社会常識を守り、愛のある気持ちさえ抱けば、どんなルールで運営してもいい。オフ会を開催するのもいい。

通信関係の会社に勤める鶴岡さん（58歳・男性・仮名）は、「大人のグルメデート」のためのブログ運営とセミナーの開催などをしている。

グルメに特化したデートの構築法や進行の手順、会話術までを紹介する。「グルメ」と「デート」に詳しくなりたい人向けの教育コンテンツだ。

「大人のグルメデートコンサルタント」の肩書でブログを書く。人と出会い、名刺交換するとき、コンサルティングをするとき、セミナーをするとき――、鶴岡さんは、会社とはまったくの別人になる。会社では会社のルールに従わなくてはならない。しかし大人のグルメデートの活動をしているときは、コンテンツもルールも、その全権は自分が握っている。

鶴岡さんの「大人のグルメデート」の活動にかかわる人たちも、会社の人間関係とはまったく別のつながりである。会社の仕事とは別の世界で自分らしさを発揮している鶴岡さんに賛同してくれる人たちばかりだ。

鶴岡さんは、間もなく定年退職となり、この活動を本格化させる予定である。月に20万円を稼ぎたいと言っている。

ブログなどセルフメディアに書くだけで、人生は動き出す。自分の言葉で発信すれば、強く共感する同志も現れる。それどころか、「仲間に入れてくれ！」と同盟を申し入れる人も現れる。

主張のアンテナを掲げれば、魂のレベルで共感し合える同じ周波数の人たちが集まりだすのだ。

あなたも「好き」「得意」「専門」の分野を、まずは入門者向けにかみ砕いてブログやSNSなどで発信することから始めてみよう。
1年後には、今とは異なる景色が、目の前に広がっているはずだ。

ON
OFF

「第3の活動」で、自分を〝専門家ブランディング〟する

Action 4

魅力的な人と出会って、「人生の質」を変えよう!

——「自分好みの人脈」を増殖させる。

28

好きな人とだけつながる

「会社の何もかもが大好き！」

そんな人は、日本の全人口の半分にも満たないと思う。

多くの人たちは、いろいろな不満を抱えながら会社生活を営む。嫌な人とも上手に付き合い、社会的な信頼を得て、立派な大人になる。

しかし、これが気づけば恐ろしい状態を引き起こす。誰とでも仲よくやっていこうとするばかりに、どうでもいい人とも付き合う習慣ができる。

心が躍らない人との付き合いは、会社や仕事だけにとどめたい。

恐ろしいことに、それをプライベートにまで引っ張る人がいる。その結果、本当に時間を共にすべき「好きな人」「大切な人」との時間を放棄してしまうのだ。

会社の外、仕事以外では「魅力的で大好きなタイプの人」と付き合えばいい。それなのに、なぜか会社の外でも仕事がらみの「嫌な人」、あるいは「好きとは言えない人」との時間に充ててしまう人がいる。

「社外に楽しい世界がなく、暇で寂しい」

これが原因である。ひとりよりはいいから「好き」でもない人と、何となく時間を共にしてしまうのだ。これでは人生の時間を、ドブに捨てるようなものだ。

もっと外を見よう。

プライベートでは「好きな人」とだけつながる。このことを意識しよう。

地球上には魅力的な人が数え切れないほどいる。一生かかっても出会い切れないほどの人が生きている。彼らに出会うために、人生の時間を使わなくてどうする！と私は思う。

アパレル会社社長の山口さん（39歳・男性・仮名）は、好きな人とだけつながり、仕事も遊びも趣味も充実させる達人である。

経営者を集め、食事会や勉強会を行っている。会を通じて発想の着眼点を鍛え、さらには気晴らしも兼ねている。

会に集う経営者たちは皆、気持ちのいい快男児ばかり。見た目もファッショナブルで、会社の経営も良好。上昇機運に乗った人たちばかりである。

このようなコミュニティーには、魅力的な女性たちも引き寄せられてくる。この会合での出会いから、何組もの家族が誕生した。

いったん仕事を離れたら、あなたが魅力的だと感じる人とだけ付き合えばいい。そして、魅力的な人と出会い続ける。

できるなら、魅力的な人たちをつなぐような会合を自ら開催することだ。それだけで、あなたには魅力的な人たちとの時間が圧倒的に増える。魅力的な人たちとの出会いも増える。これだけで、人生の景色は、灰色から虹色に転換する。

まずは、**好きな人の名前をピックアップしてみよう。**

そして、**その人たちとだけ付き合うと決める。**

さらに、**自分が好きな人同士を引き合わせてみる。**

ほんの少しだけ自分本位になり、プライベートを一生懸命に楽しむことが大切なのである。

残りの人生を、大好きな人との時間に使う

29 仕事と異なる魅力を「プライベートで放つ人」と付き合う

仕事を離れたとたん、一気に魅力が激減してしまうタイプがいる。物腰も、見た目も、会話も、そして異性から見た魅力も消えてなくなる――、そんな人だ。会社で仕事をしているときだけ輝くタイプである。

役職などがあると、会社では持ち上げられ、皆、好意的に会話もしてくれる。しかし社外に出れば、会社の職位は関係ない。いつも持ち上げられている人に限って、周囲の冷たさに戸惑ってしまう。

特に注意したいのは定年退職以降だ。会社を辞めたとたん、人との付き合いもなくなり、無気力な日々を過ごす人がいる。在職中に、社外の人とのつながりが希薄だった人に多い。

このようにならないために、30代や40代のうちから、会社以外で自分が輝けるステージを用意したい。自分を認めてくれる仲間、楽しく過ごせる仲間がいるだけで、人生はぐっと楽しくなる。

仕事を離れても、仕事で輝いていたスタンスを身にまとい、それでいて、さらに社外の別のステージでも輝いている。こんなカッコいい人を、人はほうってはおかない。**仕事で大きく成功して輝いている。それだけでなく、プライベートでもまったく異なる色の魅力を放つ。**魅力の軸がふたつあることで、多面体の魅力が築かれる。

建設会社に勤務する嶋内さん（43歳・男性・仮名）は、社内での業績もよく、人間関係も良好で、あこがれの上司として人気を誇っていた。若い社員たちは「嶋内さんのようになりたい！」と、背中を追いかける。

嶋内さんは、社外にまったく別の顔を持っていた。ゴルフサークルを立ち上げ、その代表として会を切り盛りしていたのである。ファッショナブルなゴルフウエアに身を包み、他業界の魅力的な人に囲まれながら休日を過ごしている。

ゴルフサークルのメンバーは、嶋内さんの本業の建設会社での活躍に、一目置いている。本職では男ばかりの毎日だが、このゴルフサークルでは20代、30代の女性との接点も多い。嶋内さんは、ゴルフサークルで出会った、15歳年下の女性と一昨年、2回目の結婚を果たした。

会社の外で魅力的な人と出会うのだ。
その出会いがあなたをもっともっと魅力的にしてくれる。

ON
OFF

仕事を取り去っても魅力的な人になる

30 スポーツで「仕事以外の仲間」をつくる

「スポーツが仲間をつくる」。この法則は、全世界の共通である。**スポーツは、職場以外の仲間を増やす最適な手段のひとつである。**

「スポーツジムに入っているけれど、横のつながりが希薄で、まったく仲間ができない」と言う人がいる。

このようにならないためには、自分の目的に合ったジムかどうか、入会前に1回体験などで実際に足を運んでみる。仲間が欲しいと思うのであれば、一度行ってみて、人間関係の密度を確かめる。「違うな……」と思ったら、別のジムに行けばいい。

このように考えたほうが、スポーツでの仲間はつくりやすい。〝出会えるスポーツコミュニティー〟は、世の中に無数に存在する。

スポーツを通じて、会社とはまったく異なる人脈を築き、充実した日々を過ごす60代の男性がいる。

外資系企業の役員である神田さん（仮名）は、キックボクシングジムで出会った20代から50代の人たちと、オフタイムを楽しんでいる。ジム仲間と一緒に観戦に行ったり、あるいは練習後に食事に行ったりと、お付き合いを楽しむ。

神田さんは、攻撃もスピードとパワーに満ち、ディフェンスの反応もとてもいい。さらには60代とは思えない筋肉美を維持している。

神田さんは、あえて実戦を重視する打撃系格闘技で、強い心身を維持している。

もうひとつ、面白い点がある。会社の中にもキックボクシング同好会をつくって、仕事場に「スポーツのコミュニティー」を導入しているのだ。私も時々、インストラクターとして駆り出される。

自身が通うキックボクシングジムの仲間をボランティアで募り、自分の会社に招いて、就業時間後の会議室で汗を流す。社内の結束は強まり、社員のストレス解消や福利厚生にも役立っている。

スポーツを通じた仲間づくりの楽しみを、会社をもっと楽しくするためにも活用している。柔軟さを見習いたい実例だ。

出会いが広がるスポーツとは？　仲間の結束を強めるスポーツとは？　このような視点で、あなたにぴったりなスポーツを探してみよう。

ON
OFF

スポーツが出会いを加速させる

31 フレンドリーに連絡できる知人を20人はつくる

仕事が早く終わって、ぽっかりと時間が空いてしまった。でも、気軽に食事などに誘える友人や知人が思い浮かばない。あるいは顔を出すコミュニティーや、行きつけの店がない――。そんな経験がないだろうか？　孤独を感じる瞬間である。

孤独は情緒の不安定を招き、人を簡単に壊してしまう。被害妄想が強くなったり、弱気になったり、あるいは人に対して攻撃的になってしまう。孤独は簡単に人を破壊する。

どうでもいいことで誰かに敵意を抱いたり、わずかなことで自己嫌悪に陥ったり

——。これらの多くには孤独感が関与している。

「最近どうですか？ たまには食事でもしましょうよ」と、気軽に声をかけられる会社以外の友人、知人が何人いるだろうか？ 仕事の話を抜きにして楽しく語らえる人がどれほどいるだろうか？

気軽に声をかけられる友人、知人を20人以上は持ちたい。最低でも10人、気軽に声をかけられる友だちを持とう。それだけであなたの人生は何倍も楽しくなる。もちろん社内の気が合う人、魅力を感じる人、新しい刺激をくれる同僚でもいい。

しかし、あえて**仕事を切り離した友人、知人と会うことが望ましい**。なぜなら、社外の友人と交わることで、会社とはまったく別の世界を楽しむことができるからだ。

会社は、仕事での「ルール」「モード」「思考回路」が優先になりがちだ。だから社外の友人、知人と会って、自分らしさを取り戻すのだ。心を自由に解き放って、人生を謳歌すべきである。

社外に20～40代のたくさんの友人、知人を持つ、40代の男性がいる。細川さん（43歳・仮名）は、知人の店で隔月でワイン会を開催している。

募集人数は限定30人。イベント会場では、「最近どうなのよ？」と20〜40代の男女に気軽に声をかけ談笑している。

細川さんは、ふと時間が空いたときにも、仲間を誘って遊びに行く日々を送っている。誰もつかまらなくても店に行けば、誰かがいる。いつも楽しそうにしているので、その様子に引き寄せられて、仲間がどんどん増えていく。

あなたはどうだろう？

孤独な心を抱いて日々を生きてはいないだろうか？

心当たりのある方は、**まずはどこかの飲食店主催のオープンなイベントに行ってみるのもいいだろう**。その店の常連になることで、素敵な仲間も増えるはずだ。

ON
OFF

孤独に心を破壊させない

32

「第3の活動」で、無数の恋の予感に出会える

日本人の晩婚化が進んでいる。平成27年の国勢調査によると、45歳の婚姻率は男性は66・6％、女性は72・1％となっている。45歳男性の33・4％、女性の27・9％が未婚ということになる。

晩婚、離婚など「独身」の状態はさまざまだ。恋人を探したい、再婚したいという人も多い。

しかし、年齢を重ねると、多くの人が出会いの場所探しに困るようになる。異性に出会える場所の情報も枯渇していく。

40代ともなると、友だちの多くは家庭があり、出会いの場所には一緒に行きづらくなる。それに、年齢が負い目になり、出会いの場所に行くことにもためらいがちになる。このため、異性と友人になったり、恋愛を試みることに消極的になる。その結果、毎日が家と会社の往復だけになり、限られた交友関係の中で日々を過ごすことになる。

このような人こそ、社外のセカンドワークや、趣味、スポーツ、サークル、行きつけの店など「第3の活動」を通じて、自分の嗜好に合う出会いを手に入れたい。

「第3の活動」を豊かにすれば、好みの異性と出会える確率が何倍も多くなる。活動テーマの選び方次第で、いくらでも好みの異性を引き付けることができるのだ。

例えば、ワイン会に参加すれば、ワイン好きのエレガントかつ知的な異性と出会える。ジョギング会に参加すれば、健康志向でストイックなビジネスマンやビジネスレディーに出会えるだろう。

ヨガの会に参加すれば、肉体と心を磨くことが好きなヘルシーな異性に出会える。英会話のサークルに入れば、海外に興味のあるアクティブな異性と出会うことができる。

このように、**コミュニティーの選び方次第で、自分好みの異性と効率よく出会うことができる。**参加したいコミュニティーが見つからなければ、自分で主催するのもいいだろう。

もしこれが会社であれば、そうはいかない。あなたが勤めている会社の異性のメンバーを自分好みに変えることは難しい。つまり、会社の異性が自分好みでなかった場合、家と会社の往復だけをしていたら、あなたは一生、好みの異性と出会えないことになる。

でも、**社外なら異性との出会いは自由自在である。**

社外で自分の好きなタイプの異性が集まる会を見つける。あるいは会を開催する。

それであなたの人生の景色は一変するのである。

ON
OFF

自分好みの場所で、自分好みの人と出会う

33

15歳下・15歳上の人とも腹を割って話す

同世代ばかりで飲んでいる人たちがいる。このような人に限って、「20代と話が合わない」とぼやく。

社外の年の離れた若者とうまく話せないミドルは多い。変に構えて、「最近の若者は〜」などと決めつける。

今どきのおしゃれな女性を前にすると緊張して、挙動不審に陥るミドルも多い。ビクビクしたり、逆に高圧的になったり、痛いオヤジになってしまう。あるいは、ちょっと愛想よくされたことで勘違いして、すぐに鼻の下を伸ばす。

いずれのタイプのオヤジたちも、プライベートで交流する人の世代の幅がたいてい狭い。

「いやいや、会社の後輩と飲んでいるから」。このように言う人もいるが、これは若者との会話とは言えない。

会社で若者は本音を言わない。つまらないオヤジの話題にも合わせてくれる。これでは意味がない。社外でのナチュラルな状態の若者と向き合い、双方向の会話をしないと、本当の交流にはならないということだ。

「サルサの楽しみを世の中に広げる活動」をする元商社マンの男性、加藤さん（60代・仮名）は、20代から60代までの男女と仕事外で分け隔てなく交流している。

私の主催する交流会にも20〜30代の女性2〜3名と現れ、その場で出会った若者ともすぐに打ち解けている。

おまけに、30歳くらい年下の美女とペアになって、サルサを踊ってみせる。女性も加藤さんに安心して身を委ね、ステップを踏む。

若者からは、歓声とともに「こんな素敵な60代になりたい！」と声をかけられる。

サルサを通じた話題で一体感がつくられ、20〜60代が和気あいあいとひとつになる。会話、ダンス中のボディタッチもサラリとスマートで、20代の異性にもまったく構えるそぶりがない。

すべては加藤さんが積み重ねてきた「慣れ」の成果と言える。

このように、**好きなスポーツや趣味を通じて、幅広い世代と「仕事抜き」の交流を楽しむ**ことをおすすめしたい。

幅広い年齢層の人たちが交流できる活動はたくさんあるので、自分に合ったものを選ぶといい。

特定の世代だけで過ごすことに慣れてしまうと、視野が狭くなる。新しいことに興味が持てず、ガンコ中年・ガンコ壮年に一直線である。若者に迎合する必要はないが、若者の感覚にも素直に慣れ親しんでいくべきである。

20代の若者たちにも、30代、40代、50代の感覚や社会経験を感じてもらうといい。このような交流から、世代を横断した感覚を共有する場が生まれる。

もちろん、若者は目上の人に対しては敬語を使うなど、年配者を尊敬してほしい。

一方、年配者は、若者からあこがれられる存在でありたい。間違っても、老害のような態度は取ってはいけない。

それぞれの世代が互いを大切に思う優しい気持ちがあって初めて、調和された場が生まれるのである。

ON

OFF

〝若者に構えない大人〟はカッコいい

34 バカ話で「昔の悪友」と腹の底から笑う

最近、腹の底から笑った記憶があるだろうか？

立場もできてくると、それも難しくなる。いつも冷静で落ち着いた自分を維持しなければならなくなるからだ。

ハメを外すこともだんだんとなくなり、ストレスの発散ができなくなる。コンプライアンスが脳裏をチラつき、一挙一動を自制してしまう。

このせいで、「最近、腹の底から笑った記憶がない」というミドル世代が増えている。

腹の底から笑うことがないと、「何のために働いているのか？」「何のために生きているのか？」という疑問に襲われるようになる。

そんなときこそ、**昔の悪友と会ってバカ話をしてみてほしい。**できれば気兼ねのない個室や自宅などがよい。それだけで心の血行不良が改善される。「自分は毎日、何をやってきたんだ？」「もっと毎日を楽しまなきゃ」という感情がわき上がってくる。

悪友が「あなたらしさ」を取り戻してくれるのである。

「仕事のプラスにならない」「利益にならない」「仕事の時間が圧迫される」――、そんなことばかり考えていないだろうか。バカ笑いを忘れてはならない。心の血行不良は、あなたを「貧相な表情の人間」にしてしまう。

私は、学生時代の20代からを過ごした悪友たちと定期的に会っている。会うたびに、日常でどれだけ自分を抑えて生きているかに気づかされる。

今よりもっと、骨太な自分に引き戻されるのだ。そこで人生の羅針盤の狂いがチューニングされる。こうして幾度となく、方向修正を繰り返してきた。

今でも数カ月に1回、「漢会《おとこかい》」と称して、周囲の方の迷惑にならないよう店を貸し切り、シャッターを閉めて、どんちゃん騒ぎをする。

ただし悪ふざけが高じての乱闘などは絶対禁止。その原因をつくるのもダメ。あくまでルールの中でハメを外す。また2次会ではカラオケの大個室に移り、5時間は歌って踊る。異常なほど気持ちが高ぶって、皆、本来の自分を取り戻すのである。
１０００人の従業員を抱える会社の社長も、一流企業の役員も部長も、政治家も、建築業の社長も、失業中の人も、皆ひとりの人間に戻って自分をさらけ出す。最後には声が枯れて、体はなぜかあざだらけになっている。帰宅すると奥さんに怒られ、翌日は使いものにならなくても、皆大満足である。真っ白な気持ちで翌日からを生きていく。私はおそらく、この「漢会」を死ぬまで続けるだろう。

さあ、あなたも昔の悪友にコンタクトを取ってみよう。心をさらけ出せる仲間と会えば、会社に囚《とら》われた心を完全に脱ぎ捨てることができるはずだ。

ON OFF 仲間とのクソバカ時間で、〝心の血行不良〟が治る

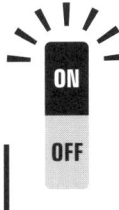

35 イヤミも文句も「空気の塊」と受け流す

会社で嫌なことが積み重なると、「辞めてやる！」という衝動が頭をよぎる。しかし、勢いで会社を辞めて、困るのはあなた自身だ。

生活費が得られなければ、人生を楽しむどころではなくなる。キャッシュフローがあってこその、社外活動である。

あなたが会社を辞めたら、社外で築いたユートピアは崩壊の一途をたどる。

ユートピアを守るために、会社ではピエロになり切るという選択もある。大切なユートピアを守るために割り切る。

どんなことを言われても、「イエスマン」で黙々と業務に向き合う。理不尽なことを言われても、感情を殺して仕事に向き合う。機械になったつもりで、淡々と仕事をこなす。

私にも20代の頃、そのような経験がある。

転職した会社との折り合いが悪く、入社当日から「君には名刺はつくらない」と嫌がらせを言われた。早めに出社し、業務を早く覚えようという姿勢を見せていたが、上司からの攻撃は止まなかった。

大学卒業の学歴も「意味がない」と中傷された。とんでもないところに入社してしまったと思った。

しかし、転職したばかりで、辞めては収入がなくなってしまう。

そこで、会社では心を殺した。白を黒と言われれば黒と言った。完全に自分の心に嘘をつき、金を得るただの機械となった。

その我慢によって収入は保たれ、私の社外のユートピアであるイベントプロジェク

トはおおいに成功した。

今ではそのイベントプロジェクトの延長で、こうして本を書く機会をいただいたり、講演をしたり、イベント開催も継続させてもらっている。

あのおぞましい環境から得られるキャッシュフローがあったおかげである。

まずは、キャッシュフローを死守し、社外にパラダイスを築く。虎視《こし》眈々《たんたん》と進めればいい。

イヤミも文句も、ただの空気の塊と思えばいい。

理不尽な職場では、徹底的に〝割り切り演技〟をする

36 人情を捨てない。でも、人に期待はしすぎない

約束を守らない。話がすぐにコロコロ変わる――。そんな友人や知人の態度にイライラしたことがないだろうか。

あるいは、酒癖が悪く悪態をつかれる。せっかくのプライベートタイムが台無しになる残念な瞬間である。

自分が軽く扱われているようにも思われ、悔しいやら、情けないやら――。そんなとき、たくさんの友人や知人がいて、豊かな人間関係があれば、それほどイライラしないですむ。

「不快な人のことなど考えている時間がもったいない。イライラする人との付き合いはやめて、好きな人たちと楽しもう！」と、イライラの原因となる人をきっぱり捨てられるからだ。

しかし、人間関係が少なければ、その関係をなかなか捨てられない。必然的に、あなたのイライラは継続する。しかもイライラの原因を直してもらおうと、「何と言って伝えようか」などと余計な気をもむことになる。

人生を不快に過ごさないために必要なのは、スイッチの切り替えである。

人間は所詮、自分の都合で生きている。他人の意志を操作できるものではない。ならば、イライラする人はほうっておくのが一番だ。ほうっておいて、許す。わかりやすく言うと、**「イライラする人の存在を忘れる」**ということだ。もし、多くの友人がいれば、その存在は簡単に忘れられる。

イライラする人との関係を継続するかどうかの決定権は、あなたが握っている。

音信不通にすることもできる。連絡が来ても無視することもできる。イライラする人のことはすっかり忘れて、楽しくやることもできる。その選択権はあなたにある。

誰と付き合うかはあなたの気分、あなたの損得勘定で決めていい。

相手を無視したとしても、イライラさせたのは相手なのだから、大義名分も立つだろう。

自分のメンタルをよい状態に保つためには、新しい人間関係を開拓し続けることだ。そうすれば、友人や知人が増える。約束も守れないような人に固執する必要はなくなる。


信頼できる、尊敬し合える、高め合える仲間をたくさんつくろう。

イライラする人たちと無理して付き合うよりも、信頼し合える友人を大切にすればいい。

相手の不義理に影響を受けないために、心のシャッターを下ろす。このように飛躍できる人は、怒る時間を短くする習慣を持っている。

他人の不義理を「ま、いっか」と忘れ、切り離す潔さが、人生の実りを多くする。

もっとも、縁が切れてもいい場合は、一度だけきっちりクレームを言えばいい。スッキリするし、相手が改善するかもしれない。

もしかしたら、あなたの目の前から消えるかもしれない。
どちらにしろ、あなたのストレスは軽減されるのである。

不快な知人の機嫌を取らない

Action 5

感動に投資して、人生を「ドラマチック」に塗り変えよう!

——「生涯残る体験」のためにお金を使う。

37 「一生残る感動」に投資する

貯めたお金の一部を、「一生残る感動」のために使ってみてほしい。**感動のためにお金を使う。その小さな投資の積み重ねが、あなたの「心」を救い出してくれる。**

お金を節約して貯めることばかり考えるよりは、「遊び」に投資したい。そのほうが、仕事もプライベートもうまく回り始める。

独立してまだお金がなく、生活が困窮していたころ、私は、「借りて」でも感動体験のためにお金を使った。そして、ささやかな感動を継続的に摂取した。

そのおかげで、どんなに困窮していても「生きている実感」を味わうことができた。心の支えになってくれる友人はもちろん、仕事のプラスにもなる友人、知人も増え続けた。

感動のある思い出でつながった人間関係が、物質的な豊かさも運んできてくれた。

お金を蓄える毎日が無意味、ということではない。しかし、その記憶には「色」がなく、「灰色」一色になってしまうのではないだろうか。もっと言えば「記憶」が薄く、生きている感動が少ない。つまり、死んでいるような感覚で時を過ごすことになる。

感動できる仲間や場がない。感動のある目標がない。小銭を貯めるだけ……。しかし、そうして貯めた小銭が、あなたをどれだけ助けてくれるだろうか？　きっと、思うほど多くは助けてくれない。

貯金生活は一見、目的を持って地道に努力しているように見える。しかし、そのマジメさだけでは、〝心のオアシス〟には永遠にたどりつけない。まるで、目的なく小銭を拾いながら、砂漠をさまようようだ。

思い出すだけで、胸躍る思い出があなたにはあるだろうか？

そのときバックに流れていた曲を聴くだけで、胸が熱くなり涙が出るだろうか？

この問いにNOならば、あなたの心はすでに〝黄色信号〟である。

生きるモチベーションは、「生きる意味を見出せた瞬間」にのみ増幅される。

人の感性や能力や自信も同様だ。いつも苦虫をかみつぶしたような顔をして過ごしても、人は成長しない。

我々は家畜ではない。文化的に成長する〝人間〟である。

お金を感動のために使おう。

心にも人とのつながりにも、潤沢に栄養を注ぎ込もう。

その継続が、物質的豊かさも運んでくるのだから。

ON
OFF

「胸が熱くなること」にお金を使う

38 お金をかけずに楽しむ

「仕事以外の時間を楽しく過ごしたい。でもお金がかかるしなあ……」

こんなふうに、あきらめていないだろうか。

「何をするにもお金がかかるし、だったら会社で仕事をしていたほうがいい」

あなたは、どうだろう？

人生を楽しんでいる人たちは、「お金がかからない遊び方」を知っている。だから、財力に関係なく、自分の世界観と心の安定をいつでも維持できる。自分らしい感性を大切にしながら、人との付き合いを広げることもできる。

ここで、お金をかけずに遊ぶヒントをひとつお伝えしたい。

お金をかけずに人生を楽しみたいなら、自分でイベントを開催すればいい。

自分で何らかの会の主催者になり、参加者に何らかの価値を提供する。その対価として会費を頂戴する。

こうすれば、自分の分くらいは完全にタダになる。運がよければ利益まで出てしまう。

ひとりでは利益は貰いづらいという場合は、みんなで利益を分配すればいい。何人かでプロジェクト化するだけで、利益が出たときの罪悪感は薄まる。

イベントを開催するときは、何らかの責任とリスクを背負い、何らかの価値を提供しつつ、**参加者と程よい距離感を醸し出すのがポイント**だ。この程よい距離感があることで、利益を出すことにも抵抗がなくなる。

前述したが、私も芝浦ハーバーラウンジというイベントを開催している。この活動を通じて、「魅力的な方々を参加者に紹介する」という価値を提供している。私たちに利益が出ていることを参加者はわかっているが、満足してくれているので、文句を言う人はいない。

一方、もし仲のよい友人同士のお楽しみ会なのに、幹事が利益を得ていたらどうだろう。あるいは、実際には利益を得ていなくても、そういう想像を友人にさせたら？それでは友情を失うことになる。

イベント開催のポイントはオフィシャル化である。世間一般を対象として提供するのだ。つまり、友人知人には、ある程度の距離感を保ちつつ参加してもらい、一般の人も参加するということである。主催者は、参加者に楽しんでもらいながら、自分も心の底から楽しむのである。

私の場合は、クルーザーとＤＪサウンドと海辺のレストランのシチュエーションを用意する。そこに同じ価値観の20～50代を集める。書籍のネタ集めにもなり、ときに新しい仕事が生まれることもある。

こんなに楽しい遊び場はほかにはない、と思っている。しかも遊んでいるのに多少のお金が入ってくる。魅力的なプライベートの友人がどんどん増え、仕事のプラスにもなる。

この芝浦ハーバーラウンジの仕組みは、何よりも、自分の理想の人生のためにつくり上げた。

仕事から離れたオフタイムに、心から楽しめるパラダイスがある。そのことで、私の感性は豊かになり、磨き上げられていく。40代後半にして、友だちも増え続けている。年齢など、まさに恐れるに足らずである。

ON
OFF

仲間とイベントを開催して“遊び”の出費をゼロにする

39 心が動くことに「生き金」を使う

「何のために仕事をしているのかわからない」

「張り合いのない毎日が、もう何年も続いている」

日本のサラリーマンには、このようなタイプの人がたくさんいる。

一方、「何のために働いている？」と聞かれてすぐに答えられる人がいる。仕事以外に生きがいを持つ人に、日本伝統の祭りを仕切る役員や頭《かしら》と言われる人たちは多い。

「俺はこの祭りのために働いている！」。勇猛な祭りの棟梁《とうりょう》や、若連の頭は名誉職である。

頭になると寄付金100万円という祭りもあるほどで、甲斐性《かいしょう》も含めて男っぷりが試される。

大阪・岸和田のだんじり祭しかり、東京・浅草の三社祭《さんじゃまつり》しかり、祭りのために生きる男たちは幸せである。何のために働いているかがはっきりしているし、命の炎を燃やす場所がある。

彼らには会社とは別の場所で、強い絆で結ばれた仲間がいる。祭りが生きる喜びを与えてくれる。彼らにとって祭りの出費も、まさに「生き金」なのである。

祭りばかりではない。「ゴルフが楽しみで生きている」「釣りが何よりの生きがい」という人たちもいる。

このような**「何ものにも代え難い生きがい」のある人の心は折れにくい**。会社で何があろうと、たとえ会社をリストラされようと、「生きがい」が支えてくれる。生きる軸があるから、メンタルも安定しているのである。

たとえ金欠になっても、「この先をもっと楽しむために、もっとお金を稼いでやろう！」と思える。

お金を使って大好きなことを楽しみながら生きる。モチベーションを上げる。この好循環で、いいことずくめの日々を送ることができるのだ。

何はともあれ、**家と会社の往復時間が「空白」なあなたは、没頭できるようなことを見つけてほしい。**

何にお金を払えば惜しくないと感じるかは、人それぞれである。

自分の心の奥を見つめてみよう。潜在意識の奥から、本当にやりたいことをたぐり寄せるのだ。

世の中には、まだ未体験の面白いことがたくさんある。まずは、何に心が動いたか？　それを徹底的に洗い出すことから始めてみよう。

ON
OFF

「これさえあれば何もいらない！」と出会う

40 「みんながやっているから」で、お金を使わない

「みんなはどうなんだろう？」

「常識的にはどうなんだろう？」

いつもそれを基準に物事を考える人たちがいる。

「ゴルフはみんなやるでしょ」

「マイカーはハイブリッド車か軽でしょ」

そんなふうに「みんな買っているから」「みんな持っているから」に右へならえで、モノを買っていないだろうか？　そのお金の使い方が、あなたを味気のない人間にし

てしまう。

理由は明白だ。自分の心や考えよりも、「世の中の普通」を重視した思考習慣でお金を使っているからである。「皆」に合わせる。その皆が〝個性のない順応人間〟だったら、あなたも確実に順応人間に陥る。

人生を心底楽しんでいる人は、「みんな買っているから」「みんな持っているから」ではお金を使わない。必ず〝自分の魂〟に聞いて、お金の使い方を決めている。

自分は自分、世の中の普通じゃなくてもいい。むしろ、人と違うことを楽しみ、それをカッコいいと思っている。面白がられること、変わっているねと笑われることに快感を覚える。このように切り替えるだけで、自分らしいお金の使い方が選択できる。

私の周りにも、自分らしいお金の使い方のうまい人たちがたくさんいる。

50代後半を迎えて、大型二輪免許を取り、ハーレーを衝動買いして奥さんに怒られている経営者の男性。

オヤジバトルと呼ばれるキックボクシングや空手などの「立ち技打撃系格闘技」の大会に出場し、試合のチケットをまとめ買いして配る40代の建設会社勤務男性。

パーティー専用の、派手めのオーダーメイドスーツをわざわざつくる40代会社員。

懐かしのディスコソングで仲間と踊るために、CD専用ターンテーブル「CDJ」をローンで購入した50歳の人材紹介会社勤務男性。

彼らの表情は皆、はつらつとしていて、実際の年齢より5歳から10歳は若く見える。

家族から「そんなことに大金を使って！」と怒られたり、周囲から「変わってるね」と思われている人々ばかりだ。

しかし、一緒に面白がってくれる人が、会社の外に何十人、何百人といる。

仕事以外にワクワクできて、自分を大好きになれる場所を持つ。そして、大切なお金は大好きなことに使う。

何にお金をかけるかによって、人生の景色も、付き合う人も、そしてその人の顔つきまでもまったく違ってくる。人生は、何倍も楽しくなるのである。

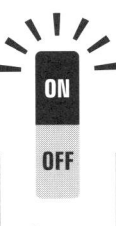

お金の使い道は、自分の魂に聞いてみる

41

〝なりたい自分〟になれる服を買う

毎日を会社中心で生きている人たちのファッションセンスは、皆おしなべて低い。もちろん、業種にもよる。しかし、純日本風のザ・サラリーマンの場合、会社一途の人間になればなるほど、服に無頓着になる傾向が強くなる。オフに着る服がなくて、スーツで過ごす人もいるほどだ。しかし、服を楽しまないのは人生の大損失である。

服は人生を決める衣装である。どんな衣装を着るかで、〝人生の役柄〟が変わってくる。

着る服次第で、思考も、話し方も、姿勢も、表情も、行動も、付き合う人も、抱く野望や色気さえも、まるっきり変わってくる。

人生は〝服〟のイメージどおりに展開する。服を選ぶことを放棄した人は、人生を放棄したにも等しい。

自分らしく生きている人は、「ファッションの達人」が多い。あるいは、達人とまでいかずとも、「服」で人生を表現している。

会社で封印している自分らしさを、休日に取り戻すためだ。服は、自分らしさを表現する衣装の役割を果たす。

ジョギングが趣味の人は、ランニングファッションに身を包む。サイクリングが趣味の人はサイクリングウエア、サーフィンが趣味の人はサーフファッションを着る。ワイン会を開催する人はソムリエファッションに身を包み、交流会やイベント主催をライフワークにする人は「大人の最新ファッション」で装う。

このように、オフに活躍している人たちは、オフタイムの舞台衣装に投資をする。しっかりと心を着替え、〝本当の人生〟を楽しむ。

服に投資するようになると、周囲からの見る目、扱われ方が一変する。服に手を抜かないことは、自分を大切に扱い、高く売ることでもある。自分を大切にしていない人を、周囲は大切にはしてくれない。

服で自分の生き方や趣味を表現すると、何をポリシーに生きている人なのかがすぐ伝わる。逆に、見た目からイメージが伝わらないと、社外活動の主旨が理解されづらい。「この人、ほんとにやっているのかな？」「なんだかそれっぽくないな」「ちょっとかじっているぐらいでしょ」と思われてしまう。

まだその生き方にたどりつけていなくとも、きっと服が後押しをしてくれる。

会社とはまったく別の自分になるためのファッションに、投資をしよう。

その投資が、あなたの人生をゆっくり、そして確実に方向転換させてくれる。

〝なりたい自分〟になれる服を買おう。

ON
OFF

服が〝人生の役柄〟を決める

42 「第3の活動」への〝時間投資〟を惜しまない

日本人は努力が大好きだ。しかし、努力の方向が合っているのか、確かめもせずに、やみくもに努力を続ける。

「努力さえすればいい」と思う人は、しんどい人生を歩くことになる。職務内容も人間関係も合わない会社での〝やらされ感〟たっぷりの努力は、あなたの人生を確実に壊す。

今の時代、就職できたこと自体を喜んだほうがいいのかもしれない。しかし、会社が好きでもないし、そこでの仕事が得意でもない、社内の人間関係も良好ではない。

それなのに、盲目的に「ここの会社にいるしかない」と考えて努力を続けるのは自虐行為に等しい。

たった一度の人生なのだから、努力の方向が正しいかどうかを確かめる必要がある。**つらいだけでよい方向に向かっていないような努力なら、やめたほうがいい。みじめになるだけなら、逃げたほうがいい。**苦しくてつらいだけの努力を続けても、その方向が間違っていれば、この先はない。

私も会社員のとき「苦しくて成果の出ない努力」を経験した。3年がんばり、ダメな場合は転職した。それを3回、繰り返した。うまくいったのは、4回目のことである。それが今の仕事となった。

もっと楽しくて、もっと得意な仕事はないか？　人間関係の相性がよい職種はないか？　自分が輝ける場所はないか？　と少し自分本位になってみた。

どんな人にもその人にぴったりな仕事がある。ぴったりフィットした瞬間に、面白いように成果が上がり始める。みるみる収入も増え、魅力的な仲間が増えていく。私は今まで、そのようにシフトアップした人を何人も見てきた。

私もまた、そのひとりだった。嫌いで不得意な仕事、感性の合わないタイプの人が集まる職場では、何もかもがうまくいかず憂鬱だった。しかし努力の矛先を変えた瞬間、すべてがうまく回りだした。運よく転職できた人はそれでいい。しかし、なかなか転職が難しい場合もあるだろう。

まずは「オフタイム」を変えよう。オフタイムを大きくシフトし、努力の方向を変える。エネルギーをかける方向を変える。オフタイムを変えた瞬間に、思考回路が変わり、人生が一変する。

人生を楽しく変えるために、仕事以外の時間に投資をする。そんな考えを持ってみてほしい。

人生を変える投資には、大きな対象から小さな対象まである。

まずおすすめしたいのが読書である。本は5冊買っても1万円以内ですむ。しかも、人生の方角を変えてくれる大きな力がある。

セミナーに行くのもいい。ビジネス書や自己啓発書の著者は、セミナーを主催していることが多い。感銘を受けた著者のセミナーに参加すれば、書籍の内容をじっくり時間をかけて理解して腑《ふ》に落とすことができる。ビジネスのノウハウや生き方のヒントを得たり、本業とは別の収入を得る方法を知ることもできる。そういった意味で、上質な講座への投資は、新しい生き方をつくるのに適している。

不動産投資も同じだ。貯めた資金をもとに新しいキャッシュフローを得る。私も本業以外で1億5000万円以上の投資をして、事業用の物件を取得している。それにより行動範囲や経験が広がった。手にしたお金で人を雇用することで、時間が生まれた。もっと自由になるというシフトを得られた。これも人生を変えるお金の使い方だ。

交流会に参加するのも投資である。例えば参加費が1回5000円の交流会に月に1回、年に12回行くとする。このたった6万円の投資により、人生が変わる新しい人脈が得られる。

さあ、あなたも人生のシフトアップのために、仕事外の時間に投資してほしい。

“マネーパワー”で、自分を引き上げる

43 ロマンにお金をケチらない

あなたにはロマンがあるか？　ロマンのない人生は寂しく、そっけない。

ロマンのために、お金を使う人たちがいる。

電機メーカーに勤務する佐藤さん（40代・男性・仮名）は、鉄道にロマンを追っている。休日になると、家族に了承を得て鉄道の旅に出かける。

奥さんを同伴することもあるが、たいていはひとり旅である。

大学生の子どもたちはサークルやバイトで忙しく、奥さんはヨガの会に参加することが多い。しかもヨガサークルで週末が埋まることもあり、いい意味で家族が皆それぞれに自立している。この男性は、世の男たちの理想を実現していると言ってもいいだろう。

でも、ひとり旅ばかりだと仲間が増えない。そこで、佐藤さんは旅先でなるべく仲間と合流する。仲間がいたほうが、地酒もご当地料理もおいしくなる。

佐藤さんは、普段の生活の中でも鉄道仲間と小さな会合を開いている。居酒屋の個室に15人くらいで集まり、ざっくばらんに語り合う。

佐藤さんは、温泉ファンでもある。デスクワークからくる肩コリを解消する目的で、都心から100キロ圏内の温泉を巡っている。箱根や熱海に伊東、甲府や水戸など、オリジナルの温泉マップをつくっている。

佐藤さんのアイデアは尽きない。「クリスマス電車会」「電車新年会」「七夕列車の宴《うたげ》」など、仲間と4人以内で1時間圏内のイベントも催す。現地で少し食事をしたり、サッと温泉に入り帰路につく。

これらにかかるお金は、人生を豊かにする投資なのである。

「ロマン」のために、お金をつぎ込んでみよう。

いつも電車のことを考え、頭の中に快楽ホルモンが出ている佐藤さんの表情からは、〝幸せオーラ〟が発散している。

このように、社外で何にお金を使うかによって、顔つきまで変わるのである。

顔つきが変わると、印象も変わる。印象が変わると、人間関係も変わる。よい人間関係が、幸運を運んでくる。

ロマンを楽しむことで、良縁も好運も流れ込んでくるのである。

ロマンが好運も運んでくる

44 あこがれの「リゾートパラダイス」を持つ

思い切って、リゾート地に引っ越してみる。こういった選択も、人生が何倍も楽しくなるコツのひとつである。

都心のマンションに住んでいた商社マンの和田さん（40代・男性・仮名）は、子どもが小学生になったことを機に、通勤1時間前後の海辺近くに引っ越した。

結果、家は広くなり、リゾート環境も手に入った。海での趣味やレジャーを始めるきっかけともなった。

子どもが小学校の低学年ということもあり、釣り、ヨット、サーフィン、磯遊びなど、たくさんの自然遊びの機会が増え、地域の同世代との社外ネットワークも広がった。

神奈川県鎌倉市、葉山地区には、成功者が多く住んでいる。会社経営で成功して移り住んだ人、会社勤めをしながら転居してきた人。元は皆、都内在住の猛烈ビジネスマンばかりである。

和田さんは、会社から帰宅する移動時間と距離効果で、毎日キッパリと仕事を切り離す。駅に降り立った瞬間、木々や草花の香りと、潮の香りを胸いっぱいに吸い込み、完全オフモードに切り替わる。

1階では奥様が「フラダンス教室」を運営している。奥様が趣味と実益を兼ねて、年に300万円近く稼いでいて、頼もしい限りである。教室のイベントの手伝いもするので、そこでまた新しい人とのつながりが生まれている。

「引っ越すのはなかなか難しい」と言う人もいる。そのような人には、マリーナのマンションをおすすめしたい。

マリーナの賃貸棟を月5万円で借りる

マリーナにはレジデント棟といって、別荘または住居用のマンションがある。賃貸棟、分譲棟があるが、安い部屋だと毎月5万円から借りられる。あるいは500万円前後から購入もできる。

眼下にクルーザーやヨットを眺めながら、週末を優雅に過ごす。マリーナの船舶免許スクールで小型船舶免許を取得し、レンタルボートで仲間や家族と海に出る。これならクルーザーやヨットを購入しなくても、十分にパラダイス生活が楽しめる。

さあ、どうだろう？　**あなたも〝リゾート時間〟を持とう。**その先に、きっとあこがれていた人生が待っている。

必要なのは小さな勇気と、行動力だけである。

45

「魂のシンボル」となる、こだわりのモノを買う

人生を楽しむ技術が身につけばつくほど、自分のシンボルとなるような「一点物」を購入する習慣が身につく。

自分流に人生を楽しむ人たちは、安物買いの無意味さがわかっている。そんな浪費をするよりは、**高くても一生使えるものを買ったほうが幸福度が高い**ことを知っている。

特別な一点物がもたらす満足感は、じつに深い。

音楽を趣味にしている人であれば、楽器が魂を喜ばせる一点物になるはずだ。その

楽器を眺めるだけで、手に持つだけで、嫌なことをすべて忘れ、別世界の自分に変身できる。

エディトリアルディレクターの竹田さん（48歳・男性・仮名）は、こだわりのベースギターを毎年自分へのご褒美として買い続けている。

その結果、コレクションは30本を超えた。ベースと戯れる時間が、もっとも心が解放される時間なのだそうだ。

普段はかなりの激務で、リーダーとして常にプロジェクトの締切に追われている。小さいお子さんと遊ぶ時間以外は、もっぱらこのベースを奏でている。

単なるリフレッシュではない。好きなことを思い切りやって、エネルギーを溜める時間なのである。エネルギーチャージのおかげで、仕事で驚くほどの結果が出せるのである。

自宅以外に賃貸事業用のマンションを一棟買いし、その中の1部屋を自分の隠れ家にしている40代の不動産会社勤務の男性もいる。

彼の場合は、誰にも知られない〝隠れ家〟が欲しかったのである。得意技を生かして、新たな収入源を確保しながら隠れ家も得たという例である。

自分のシンボルとなるようなこだわりのモノを購入しよう。こだわりのモノに投資することは、自分らしさの追求に必ずつながる。人生を何倍も楽しくする。

ON OFF

幸福度の高い一点物はローンを組んででも買え！

46 友人の事業に投資する

最近よく見かけるのが、友人の会社に投資し、友人と一緒に本業以外の仕事を楽しむ40代、50代だ。

会社員であれば、人によっては報酬を受け取らない。副業が認められている場合は受け取る。毎月受け取る人、四半期ごとに受け取る人、年に1回、決算後に受け取る人などさまざまだ。

会社の仕事と異なり、気心知れた友人との仕事は、とても楽しい。執行権はその会社の代表である友人にあるが、平日の就業時間後や休日に一緒に夢を見る。

「自分が退職した後に働く会社として考えています。だから今は、少ない報酬で楽しく協力しています。退職までにこの会社をしっかり収益化して、第二の人生は友人と夢を追いかけます」

そう語るのは、某大手企業の管理職の50代の男性だ。

広告代理店勤務のこんな40代男性もいる。

「うちは副業禁止なので、あくまで株主として出資しています。配当はもらっていません。定年退職後に一緒に仕事ができたらなあと思っています」

出資された側は、ありがたいことは間違いない。しかしそれ以上にうれしいのが、気心の知れた友人と一緒に夢が見られることである。

「会社はすでにビジネスのスキームができ上がっています。でもスタートアップや小さな会社は、事業を創ることが楽しいです。会社のビジネスに比べればスケールは小さいですが、自分で動かしているなあという実感があります」

友人の会社に投資し、会社のビジネスでは得ることができない達成感を得る。このスタンスが楽しい社外活動をつくる。

大好きな友人のために惜しみなくお金を使う人は、会社員でありながら会社に支配されない環境が得られる。

あなたも友人のプロジェクトに参加させてもらおう。これにより、会社以外の大切な場所ができる。家と会社の往復だけの、つまらない毎日からも脱出できる。人生が何倍も楽しくなるに違いない。

ON
OFF

友人と一緒に夢を見る

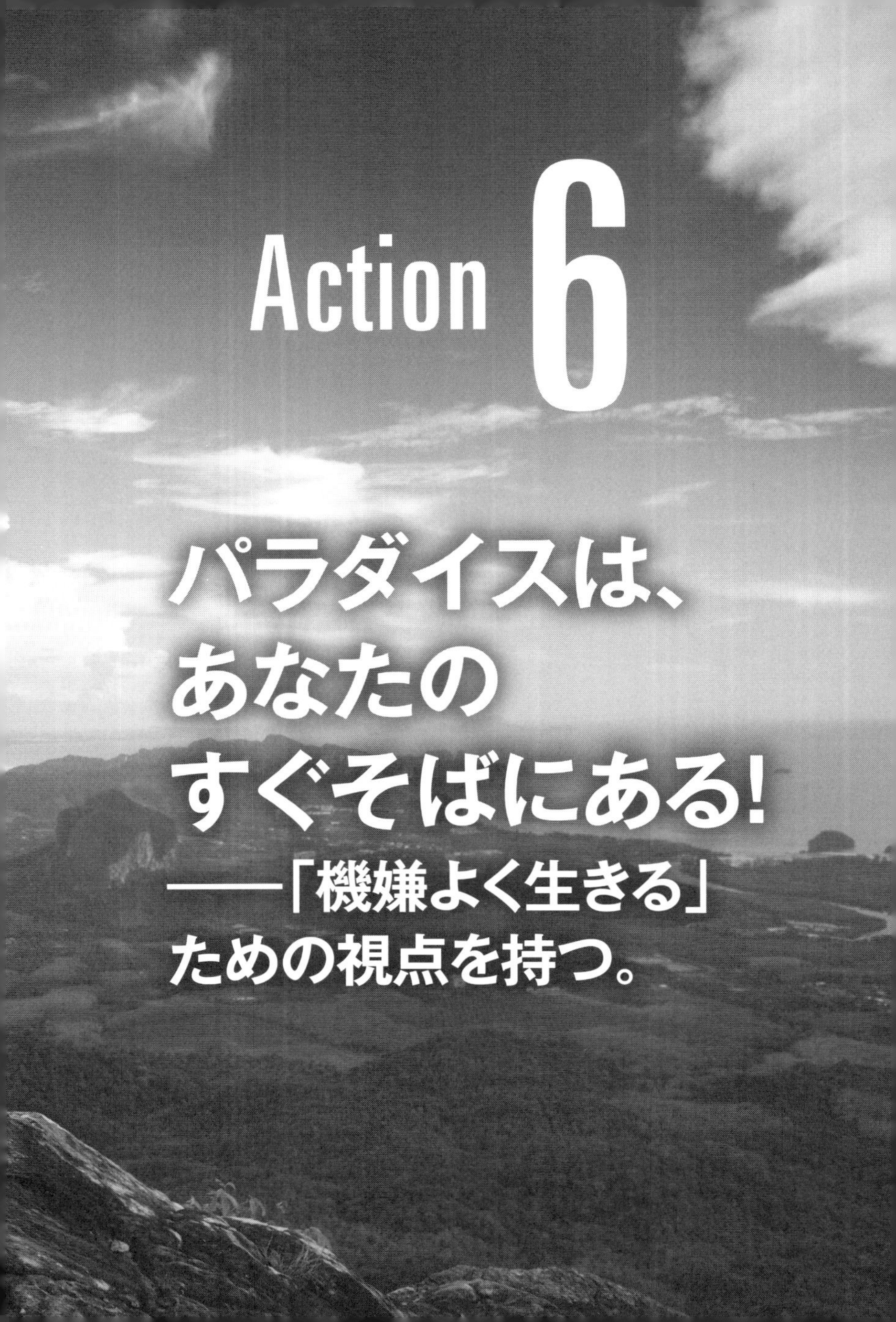

Action 6

パラダイスは、あなたのすぐそばにある！

――「機嫌よく生きる」ための視点を持つ。

47 「心のご機嫌」を積極的に取る

激務が続くと、人間関係にトラブルが起きやすくなる。「楽しい！　楽しい！」と言っているうちはいいが、疲れるとマイナスの感情が鬱積《うっせき》する。

普段なら何とも感じないようなことにもピリピリして、他人の言動やメールの文言に過剰に反応する。結果的に人格を疑われかねないような発言をしたり、メールを返してしまう——。あなたにも、そんな経験がないだろうか？

激務により、情緒不安定に陥ってしまう人は珍しくない。

「不機嫌」は、自分の人生も、他人の人生も台無しにする。

自分の生き方を大切にする人は、他人の生き方やセンス、言動なども尊重する。他人の価値を認めながら、コミュニケーションを取る。**人に不愉快の毒を与えないために、自分で自分の機嫌を上手に取っている。**いつでも自分の機嫌がよくいられるように、さまざまに工夫をしているのである。

「これ以上疲れが溜まったらイライラしてくるかな」。そう感じたら仕事を中断し、イライラが飽和状態になる前に手を施す。短時間眠ったり、マッサージに行ったり、少しだけお酒を飲んだり、異性と会ったり、体を動かしたり、大好きな趣味に没頭したりして自分の機嫌を取る。

自分のご機嫌取りの達人は、何をすれば自分の精神状態がよくなるかがわかっている。

自分の機嫌が悪くなっても、お構いなしの人がいる。不機嫌なまま健康を害し、周囲の気分も害し続けている。

あなたはどうだろうか？　心がいつでも「快」でいられるように工夫してみよう。

どうしたら、体のコリを解消できる?
どうしたら、もっと体調がよくなる?
どうしたら、もっと楽しく快適になる?
どうしたら、もっと笑っていられる?
どうしたら、もっと異性から好かれる?

そう、自分の心に問いかけてみてほしい。
毎日を気持ちよく過ごせるように、ほんの少し工夫してみる。
この問いかけが、上機嫌な自分づくりの第一歩となる。

ON
OFF

機嫌よくしていると、運気も上がる

48 「第3の活動」で〝誇り〟を取り戻す

社外活動に強い誇りを抱く人がいる。息抜きやリフレッシュではなく、アイデンティティーそのものと、とらえている。

映画『釣りバカ日誌』の主人公ハマちゃん（浜崎伝助）は、万年ヒラ社員である。しかしハマちゃんは、釣りに対して絶対的な自信とプライドを抱いている。

自分が勤める会社の社長であるスーさん（鈴木一之助）に対しても、釣りのことではあれやこれやダメ出しする。師匠として、弟子に歯に衣着せぬ発言をするのだ。社長であるスーさんが、釣りの世界ではハマちゃんの弟子なのである。

もし今、あなたが会社の仕事に誇りが持てずにいるのなら、会社以外で大好きな活動をすることをおすすめしたい。**「第3の活動」が、必ずやあなたに「誇り」を呼び戻してくれる。**

食品会社に勤務する斎藤さん（34歳・男性・仮名）は、会社の外で自分の全プライドを構築している。斎藤さんは、なんとプロのキックボクサーである。

キックボクサーの世界は、とても厳しい。限界を超えた特訓が日常で、試合は恐怖との戦いである。極限まで自分を追い込み、心と体を鍛え上げ相手と戦う。しかし、つらい分だけ、非常に高い満足度も得られる。練習後の爽快感や、試合に勝ったときのエクスタシーは何ものにも代えがたい。

斎藤さんはキックボクサーであることに、全身全霊のプライドを賭けていた。しかし昨年、故障により引退を余儀なくされた。

彼はその後、プライドの行き場所をシフトした。キックボクシングで鍛えた度胸で、今度はフリースタイルラップバトルの世界に乗り込んだ。

フリースタイルラップバトルとは、即興で相手とラップで「言葉の戦いをする競技」だ。審査員が採点基準をもとに評価して、勝ち負けを競う。相手の勢いに押されて言葉が出なかったり、人前で言い合うことに緊張してしまえば負ける。

決して冗舌とは言えない斎藤さんは、捨て身で挑戦した。若手のラッパーからは、「ジジイ、家に帰って盆栽でもいじってな」などと攻撃をしかけられる。お返しに「言葉の武器」を使って攻撃を返す。

キックボクサーもフリースタイルラッパーも、会社での収入には、なかなか届かない。しかし、斎藤さんにとっては、会社で働くことの100倍のプライドを持てる活動なのだ。

あなたは「第3の活動」に何を選ぶだろうか？

何を選ぶかで、誇りも自信も、まったく変わってくる。

富士山より高い誇りを社外で築け！

49 全世代を楽しませる50代になる

会社生活に長年どっぷりと漬かったミドル世代。彼らが犯しがちなミスがある。「おもてなしができない」ということだ。

プライベートの会合で飲食店に入ったときでも、サービスを受ける側の立ち回りをしてしまい、周囲を興ざめさせることがある。

酒をついでもらって当たり前。皿を取るなどの気配りができない。口を開けば理屈っぽく否定的で高圧的。しかも、不機嫌な表情で若い人に気を遣わせる。これらの行為はすべて、サービス精神が不要な職務に就く40代、50代に多い。

ときに威厳も必要である。しかし、気が利かない、話せない、ぶっきらぼうな態度しか取れないようではいけない。

私も10代、20代の頃にこのようなミドル世代を見て、「嫌だな、ああはなりたくないな」と何度も思った。

自分が40代も後半になった今、若者に疎まれないように自らを顧みるようになった。

「残念な中年・壮年」にならないために、30代、40代の頃から、努めて仕事以外のコミュニティーに参加することをおすすめしたい。そこで全世代と楽しく話せるセンスを鍛えたい。

シニア世代でも若い人たちの前で自然に振る舞える人は、仕事以外の時間も楽しめる人だ。自分が楽しみながら、相手も楽しませられる。知らないことは素直に年下から学ぶ。そんなシニア世代の男はカッコいい。

幅広い世代の人たちとプライベートな時間を過ごすと、話の引き出しがたくさん生まれる。

感覚や感性、言葉の貯蓄も増えて、幅広い世代の人たちとコミュニケーションができる能力が高まる。

あなたはどうだろうか？　相手の年齢にかかわらず、初対面の人と、自分が楽しみながら相手も楽しませて過ごせるだろうか？

もちろん、あなたが好きなタイプの人、魅力的だと思う人、趣味や波長が合う人々など、気持ちよく過ごせそうな相手に限定して構わない。

人生１００年時代。これから年齢を重ねて、孤独な時間を過ごさないためにも、幅広い年代の人たちとのコミュニケーション能力を身につけよう。

なるべく早いうちから、社外に心の底から楽しめるコミュニティーや仲間を築いておくべきである。これが、人生を何倍も楽しくするコツである。

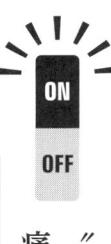

〝もてなされて当たり前〟という痛い癖は捨てる

50 「自分の気持ち」を基準に思い切りかぶく

人の目を気にして、本当にやりたいことに背を向けてはいないだろうか？

幸せ全開で生きている人は、人からどう見られるかよりも、「自分がどう思うか」を優先している。

社外の活動やコミュニティーを選ぶとき、動機は人それぞれだ。

「もっとタフな自分に生まれ変わりたい」という人や、「色気のある男になりたい」、あるいは「婚活のためにモテる活動を選びたい」という人もいる。

しかし残念なことに、必ず足を引っ張る人がいる。それに負けてはならない。

私は50歳近くにもなった今でも、キックボクシングを楽しんでいる。打撃格闘技だから、顔や体を殴り殴られ、蹴り蹴られる。けがも絶えないのだが、楽しくてやめられない。

20～50代の幅広い世代を集めて、DJイベントも毎週開催している。ときに「いい年して何やってんだか」と周囲で噂されることもある。

「ファッション&ビューティナイト」「ワールドスポーツナイト」「クリエーターズナイト」など、毎週テーマを決めて出会いと会話を楽しんでいる。知人が知人を呼び、心の周波数や生き方が合う人たちが集まってくる。

私は人から何と噂されようと、「かぶいている」（変わった身なりや行動をする）と非難されようとも、自分が「よい」「やりたい」と思っているから、やめるつもりはない。「気の合わない人たちと我慢しながら付き合うよりも、趣味や感性の合う人たちと交流したほうが楽しい」と心の底から思っている。

外資系企業で管理職として働く山村さん（53歳・男性・仮名）も、自分の心の声に従い、信念を持って社外活動をしている。

山村さんは、休日の多くをアイドル鑑賞に費やす。メジャーなアイドルから地下アイドルまで、全国を飛び回り応援し続けている。

「一流企業の、それも管理職の人がなぜ？」。私も最初はそう感じた。しかし、山村さんは、純粋な一ファンとして応援したいのだと言う。自分が幸せなのだから、誰にどう思われようと構わないのである。

自分の声ではなく、他人の声を聞いていないだろうか？

もしそうならば、山村さんを見習って、勇気ある一歩を踏み出してみよう。

ON
OFF

「ちょっと変わった人」ではなく、「振り切った変人」を目指す

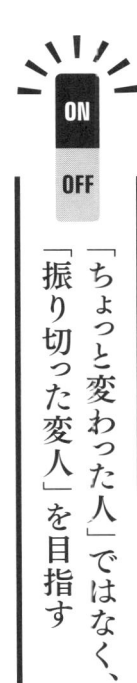

51 「不条理な対人ストレス」は、捨て置く

嫌なことがあったときも、憂鬱なときも、落ち込んだときも、**楽しくなれる「パラダイス」があれば、気持ちを切り替えられる。**よい意味での現実逃避場所として活用できる。

つらいことがあっても、楽しい記憶を思い出すと精神的な苦痛が和らぎ、気持ちを切り替えることができる。こういった**「逃げ場」があることで、人生の1分1秒を無駄にせずにすむ。**

人生、真っ向勝負で問題解決するべきときもある。しかし、上手に逃げておいたほ

うがよい場合もある。

例えば、自分にはまったく非がないのに、一方的に巻き込まれた人間関係のトラブル。これは事故である。従って、責められるがままに受け止めるのはバカらしい。関係者には悪いが、このようなときは深追いせずに、早々に気分を切り替えたほうがいい。

人生の時間を無駄にしないよう切り替える。こじらせた相手を思い、悩みすぎることはない。そんな時間があったら、もっと自分の人生を楽しもう。

メディアプロデューサーの加山さん（40代・男性・仮名）の仕事は、ウェブメディアの運営である。気難しい人との仕事も多く、自分に非がないのに、感情を殺して我慢しなければいけない場面に時折遭遇する。専門性の高いジャンルでは、個性が強い人も多い。コミュニケーションの行き違いや、思い込みによるトラブルも発生しがちだ。

しかし担当であれば、何があろうとそのプロジェクトを完成させなければならない。

加山さんは、気分を切り替えるために劇団に所属し、舞台づくりを楽しんでいる。

劇団には、加山さんと同じようにハードな仕事をこなす人たちが集まっている。
劇団活動には集中力が必要だ。そこには、仲間との一体感と高揚感、感動がある。仕事で嫌なことがあっても、劇団の仲間と会えば、すぐに切り替えられる。会わなくても仲間の顔を思い出すだけで、感動の余韻を蘇《よみがえ》らせることができる。

心が弾む社外活動があるというだけで、仕事のストレス、イライラ、クヨクヨも簡単に消すことができるのだ。ストレスを消すだけではない。いつもワクワクしながら、仕事をこなすこともできてしまう。

ストレスなく人生を楽しんでいる人は、どんなときでもすぐに心をワクワクさせられる「逃げ場」を用意している。

あなたも、いつでもあなたを笑顔で受け止めてくれる仲間のいる「逃げ場」をつくろう。

人間関係の〝もらい事故〟は、「第3の活動」で記憶ごと消せ！

52 「ムダな恨みや怒り」は、断ち切る

ＳＮＳを見ていて気になることがある。それは「ああ、この人はしょっちゅう小さいことで腹を立てているんだろうなあ」と感じさせる人の投稿だ。日記を読むと、その人の「怒りポイント」「恨みポイント」がはっきりとわかる。正義感からの投稿だとしても、書き方によっては、「残念な人」と周囲に思わせる。怒りや恨みの書き方は、表現を間違えると、読んだ人を不快にしてしまう。ヒステリックな内面が文字からあふれ出る。それを見た第三者が不快を感じて、その人を「非表示」にするケースは多い。

誰かを特定できることをあからさまに書いたり、そのつもりがなくても「これはあの人のことを言っているんだろうな」とわかってしまう投稿もある。見た人は、「どうして、こういうことをここに書くんだろうなあ」「直接言えばいいのに。なぜネット弁慶なんだろうなあ」と、子どもじみたパーソナリティーを感じ取る。

いつも機嫌がいい人は、こんなことはしない。いつも豊かで幸せな感覚を持って生きているから、前向きな日記しか書かない。自分の心が充実している人は、他人を不快にするようなことも避けるのだ。

たとえ嫌なことがあってSNSに投稿する場合でも、客観性と冷静さを失わない。誰かを一方的に「バカ呼ばわり」したりといった、「浅はかな思考と感情」を露呈させることもない。誰かを恨んだりイライラしたりしても、わざわざ投稿するのは致命的だ。

しかし、楽しい時間が少ない人は、楽しみでつながった仲間も少ない。当然、孤独になる。

孤独は、迷惑な人をつくる。

孤独な人は、小さなことで怒ったり、被害妄想に陥る。人の気持ちをシャットアウトして、自分の考えを正論と思い込む。ヒステリックで攻撃的な言動は、他人に対する迷惑行為になる。揚げ句、誰からも相手にされなくなってしまう。

「第3の活動」で仲間がいれば、孤独による負のスパイラルを避けることができる。安心できる仲間がいて、自分が活躍できる場所がある人は、心に余裕が生まれる。当然、怒り、被害妄想、孤独を感じることはない。

仕事以外に、中途半端な息抜きではなく、きちんと没頭できることがあるか？ それを分かち合う仲間はいるか？

これらが揃うだけで、あなたはもうムダな恨みや怒りを胸に抱くことはなくなる。あなたの未来は驚くほど、変わるのである。

ON OFF

情緒不安定な人は、成功しても嫌われる

53 他人を応援しながら自分も成長する

仕事で新人が勝手なことをして損害が発生しそうなときは、ダメ出しも必要だ。一定の技術を身につけるためのダメ出しである。

組織の利益のために「ダメ出し」をし、その結果、利益が発生する。あるいは危険を回避する。これなくしては、企業の存続も発展もあり得ない。

しかし、会社の仕事ではなく、誰かが個人的に新しいことを始めようとしたときに、すぐに否定する人がいる。

もちろん法律に抵触するものや、人に迷惑をかけること、本人が苦しむようなことは否定してもいい。

明確な理由もないのに、頭ごなしに否定するのは浅はかな迷惑行為でしかない。**意味もなく可能性を否定して、足を引っ張る人にかかわってはいけない。**

このような人ほど、会社の仕事でも充実感、達成感、実績が乏しいことが多い。また、自分らしさを大切にしていない、自分らしさを粗末にしている人は、自分の価値だけでなく他人の価値も大切にできない。「好き」「感動」「自分で決める」こともない。興奮で脳からドーパミンがあふれるようなこととも無縁である。

会社の仕事優先という人でも、イキイキと仕事をして達成感を感じて生きている人は、人の挑戦を否定しない。

「否定癖」の持ち主の困った共通点がある。それは、他人の可能性を否定するだけでなく、自分の可能性も無意識に否定しているということだ。他者否定にせよ、自己否定にせよ、どちらにせよそれは、思考停止を意味する。実現方法を考えるのではなく、「やらない理由」を考え、思考も行動も放棄している。

他者否定が癖になっている人は、自分に関しても「できない理由」を自動的に考える。その結果、失敗がない代わりに、何の成功も感動もない人生を送るしかない。

会社で最低限の業務をこなしてはいるが、情熱を持って仕事を生み出すこともない。涙が出るような達成感とも一生無縁である。

感性の合う人同士が引き寄せ合うように、否定的な人の周りには否定的な人ばかりが集まる。互いに出る杭《くい》になることを恐れ、能力が伸びないことをよしとする関係の中で、貴重な人生の時をムダにし続ける。

こういう生き方を選ぶのも、その人たちの自由ではあるが、本書のポリシーには完全に反する。

人生は一度しかない。**あなたも人を応援する人を目指してほしい。**それだけで、あなたの周りには、前向きで創造性にあふれた人たちが集まるだろう。多くのことにチャレンジしてきた知恵と経験のあるリアリストが集まる。

何より、生きることを楽しむ人々が集まる。笑顔の絶えない自由な時間が流れる。

ON OFF

〝思考停止バカ〟とかかわらない

54 まずは「ひとりで」やってみる

「第3の活動」を仲間と始める人もいる一方、ひとりで始める人も多い。

イベントプロデュース会社を経営する森さん（40代・男性・仮名）は、毎年ベストボディコンテストに出場している。

激務の合間を縫って体を鍛え、食事節制を行い、40代とは思えない締まった肉体を維持している。

ひとりの活動なので、誰かと待ち合わせをする必要もない。

ひとりで始めた活動だったが、じつは趣味の合う社長人脈が増えている。結果的に友人、知人、そして仕事の人脈が、豊かになることにつながっている。

土日や平日の夜、自宅でマッサージサロンを開く倉田さん（40代・男性・仮名）の本業は、ＩＴエンジニアだ。普段はパソコンと向き合うことが多い。職場の人間関係は固定されている。お互いが必要以上に親しくならない企業文化の中で過ごしている。職場での人間関係をむなしく感じていたが、その渇望感をマッサージ業で埋めている。

生身の人間の体に触れ、常連の方と人生を語り合うこともある。定期的に開催される常連の方同士の懇親会が、倉田さんにとっての一番の癒しの場となっている。

週日はメーカー勤務の会社員で、休日はカメラマンに変身する山本さん（50代・男性・仮名）。彼は、一度撮影した依頼者と仲よくなり、今では20人もの依頼者のネットワークができ、休日はいつも、現場に足を運んでいる。

定年退職した後には、カメラマンとして本格的に活動したいと考えている。

外資系金融会社に勤務する北野さん（50代・男性・仮名）は、ペンネームでお酒に関する著述業を行っている。ウェブメディアに連載したり、紙の書籍の出版もしている。さらには書籍を題材にした勉強会も開催している。

普段の会社員生活とはまったく異なる名前、キャラクターで、もうひとつの名刺を持ち、もうひとつの人生を送っている。

まずは、自分ひとりで始めることだ。
たったひとりで始めても、必ず仲間が増えていく。

自分と趣味の合う人々との出会いがどんどん流れ込んでくる。

深く付き合いたい人がいれば懇意になればいい。

やって、うまくいかないこともあるだろう。しかし、実際にやってみることに意味があり、価値がある。

夢が形を変えることはいくらでもある。

しかし、スピリッツは変わらない。

スピリッツを見失うことなく動き続けることで、「本当にやりたいこと」に出会える。

さあ、あなたはどんな「第3の活動」を選ぶだろうか？

今、この瞬間の決断が、あなたの6カ月後、1年後、これから先の人生の景色を変える。

ひとりで始めても、愉快な仲間と必ず出会える

conclusion

おわりに

人生を自分らしく最大限に楽しもう!

最後までお読みいただき、心から感謝を申し上げたい。

私は26年前から、「我が身」を実験台にして、「第3の活動」を学び、実践し、取材し、体系化してきた。

本書でお伝えしたことは、「現実逃避」への誘いのようであったかもしれない。しかし、これだけはもう一度はっきりお伝えしておきたい。私は次のように確信している。

「『第3の活動』で、人生は100倍楽しくなる!」と。

「第3の活動」を行えば、人生は驚くほど変わる。
「他人の人生を生きる毎日」から、必ず卒業できる。
「踊らされて生きるだけ」の人生とも、決別することができる。
「本当の自分らしく」生きることができるのだ。

もう少し、本音の言葉でお伝えさせていただく。私はあなたに「社会常識の洗脳」から解き放たれて、自分を輝かせてほしいのだ。

多くの人は「なりたい自分」になれていない。「好きで得意なこと」を仕事にできていない。家と会社の往復だけをして、義務感に縛られ、「充実したフリ」をして「仕方ない」と思って生きている。これは、大変にもったいないことだ。

もっと本当の自分を表現しよう。

嘘の人生を生きるのをやめよう。

これまで、多くのビジネスパーソンは、会社で定められた副業禁止の規則に従ってきた。「会社員なのだから会社以外の世界を持たない」という洗脳状態を我慢してきた。

しかし、これからはもう違う。

「やりたいことは何もない」「やりたいことはわからない」「会社の仕事を一生懸命やるだけ」——。このような時代は終わる。

これからは、**誰もが自分を表現できる時代となる。家と会社以外の場所でパラレルに活動しながら、豊かさと楽しさを享受できる時代がやってきたのだ。**自分軸を持たない人は、時代に乗り遅れてしまうだろう。

ここで最後にもうひとつ、大切なことをお伝えしておきたい。

あなたの命は、あなたの遠いご先祖さまが必死の命のリレーでつないだものだ。ご先祖さまが飢饉、戦争、病などを生き抜いて、つないできた命のリレーの先端に、今、あなたがいる。

その命を、「やりたくもない仕事」だけに使い、ストレスを溜めるだけでは、じつに命の無駄遣いでしかない。それでは、必死に命をつないでくださったご先祖さまは浮かばれまい。あなたがすべきことは、自分の人生を完全燃焼することだ。

だからぜひ、人生をもっと楽しんでいただきたい。

自分らしい自分になれるように、生き方探しをしてほしい。

ただし、本を読んでも、行動しなければ何も変わらない。行動しなければ、おそらく1年後も10年後も今のままだろう。

あなたの胸の高鳴りが途切れないように、私はメルマガやコミュニケーションアプリLINE@を通じて、あなたにエールを送り続ける。365日毎朝8時に届けているものもある。無料で配信しているので、ぜひ、通勤電車の中で読んでほしい。

毎月、東京都内で講座を開催している。沖縄から北海道まで、多くの方が参加してくださっている。「私に会ってみたい！」「アドバイスが欲しい」と思ってくださる方は、少人数のアットホームな会なので、臆せず参加してみてほしい。自分にとって、「本当にしてみたい『第3の活動』は何なのか？」。その答えが必ず見つかるはずだ。

あなたの明日に自由の風が吹くことを心より願って、最後のごあいさつとさせていただきたい。

2019年3月10日

潮凪洋介

資料参考文献

レイ・オルデンバーグ著、忠平美幸訳『サードプレイス～コミュニティの核になる「とびきり居心地よい場所」』みすず書房、2013年
大津秀一著『死ぬときに後悔すること25』致知出版社、平成二十一年
宮西ナオ子著『朝2時間早く起きれば人生が変わる！――不思議なほど思い通りにいく人の時間術』三笠書房（知的生きかた文庫）、2006年
船井幸雄著『早起きは自分を賢くする！――出勤前の30日「自己革命」！』三笠書房、1996年
「平成27年国勢調査」総務省統計局
「日本のオジサンが『世界一孤独』な根本原因」東洋経済オンライン、2017年4月4日付
https://toyokeizai.net/articles/-/165983
「『物』よりも『楽しい経験』の方が人を幸せにする理由」（米研究）カラパイア、2014年2月7日付
http://karapaia.com/archives/52152326.html

著者略歴

潮凪洋介　しおなぎ・ようすけ

ライフワーク・クリエイト協会理事長。
株式会社ハートランド代表取締役。
著者養成学校・潮凪道場代表。
エッセイスト、講演家、イベントプロデューサー。

◉「誰もが"好きで得意な仕事・活動"を社外で楽しむ世の中づくり」を目指して「第3の活動」を啓蒙する活動に力を注いでいる。約100種類の社外のライフワーク（パラレルワーク）カードから「好みのライフワーク」を複数選んで組み合わせ「オリジナルな仕事（活動）」を発想する「最適ライフワーク発見システム（LDメソッド）」を開発。同カードを用いて日本経済新聞社（COMEMO運営事務局）をはじめ、大手企業、団体及びライフワーク・クリエイト協会自主開催で「社外活動発見ワーク」「複業アイデア開発講座」の講演、ワークショップ、コーチングなどを行なう。
◉ 著者・エッセイスト養成・出版プロデュース学校「潮凪道場」を運営し、働きながら著者デビューしたい人たちなどをサポート、新人著者を世に送り出している。
◉ 2015年には「目黒クリエイターズハウス」を東急目黒線洗足駅徒歩4分に自社ビルとして建設、イベント会場・講習会場として運営している。
◉ 東京・芝浦で「大人の海辺の社交場プロジェクト」を毎週木曜日に開催。開催回数は220回、参加者7200人を突破（2019年4月現在）、家でも会社でもない「第3の活動」の場として賑わっている。
◉ 著作はベストセラーとなった『もう「いい人」になるのはやめなさい』（KADOKAWA）をはじめ、『「男の色気」のつくり方』（あさ出版）など多数ある。現在の著作は68冊、累計部数は165万部を超える。

●ライフワーク・クリエイト協会
公式ウェブサイト　www.freedom-college.com/

●「大好きな社外活動が見つかる」
各種セミナー情報・LINE@（無料）

●毎朝8時配信　潮凪洋介のパワーコラム（無料）
モーニング・レヴォルーションLINE@

人生《じんせい》が100倍《ばい》楽《たの》しくなる!　最強《さいきょう》の行動《こうどう》スイッチ
生《い》き方《かた》と働《はたら》き方《かた》が変《か》わる「第《だい》3の活動《かつどう》」

2019年5月22日　初版第1刷

著　者 ——— 潮凪洋介《しおなぎようすけ》
発行者 ——— 坂本桂一
発行所 ——— 現代書林
〒162-0053　東京都新宿区原町3-61　桂ビル
TEL／代表　03(3205)8384
振替00140-7-42905
http://www.gendaishorin.co.jp/

ブックデザイン+DTP ——— ベルソグラフィック
企画・編集協力 ——— 遠藤励起
カバー使用写真 ——— bernard/Shutterstock.com
本文使用写真 ——— bernard,iJeab,DisobeyArt,g-stockstudio, Melinda Nagy,dwphotos,Jacob Lund, Dudarev Mikhail/Shutterstock.com

印刷・製本　広研印刷㈱
定価はカバーに表示してあります。
万一、落丁・乱丁のある場合は購入書店名を明記の上、小社営業部までお送りください。送料は小社負担でお取り替え致します。
この本に関するご意見・ご感想をメールでお寄せいただく場合は、info@gendaishorin.co.jp まで。

ISBN978-4-7745-1780-3 C0030